Manfred Clauss

君士坦丁大帝
和他的时代

KONSTANTIN DER GROSSE
UND SEINE ZEIT

〔德〕曼弗雷德·克劳斯 / 著

徐涵婧 / 译

社会科学文献出版社
SOCIAL SCIENCES ACADEMIC PRESS (CHINA)

Contents /

前 言

在现代研究中，只有少数几个古希腊、古罗马人物像君士坦丁大帝一样，受到如此频繁且充满争议的讨论。人们对他的评价不一而足：从一个漠视宗教的"自私自利的君王，为巩固自身及其统治而小心谨慎地利用一切物质精神力量"［雅各·布克哈特（J. Burckhardt）］，到一个"揭开了特殊的启示，带来神性开悟的……指明道路的"统治者，从那时起凭着"一个自诩为上帝臣仆的斗士的热血"，拥护基督教的信仰［约瑟夫·沃格特（J. Vogt）］。

君士坦丁作为第一位"基督教"皇帝，其信仰成了人们热烈讨论的中心，尤其是关于其基督徒精神的部分。直到今天，他的这一人生主题仍未丧失其吸引力。西罗马帝国的贵族，尤其是军队，在很长时间内仍为异教徒，与之相比，基督教的仪式——此处应该使用复数形式——在东罗马帝国得到了更为深远的传播。当君士坦丁开始皈信基督并寄庇护帝国之希望于基督教的上帝时，毫无疑问，他不是一个机会主义者。试图通过君士坦丁的每一个行为，特别是和基督徒相关的行为来证明他的动机到底是虔诚还是算计，这样的做法未免短视，只有两者结合才能构建他的完整人物形象。对我们来说，统治者的这一决定所包含的个人成分从未明朗化；但无论如何，可以从一些角度一窥他作出如此决定的理由。

君士坦丁是一名基督徒，这一点无论是对古典时代还是对现代的作者来说都是无可争辩的事实，也许也是所有人可以达成共识的唯一一点；然而很难确定的是，他的基督教信仰是以何种面貌示人，他又是如何理解"基督徒"这一概念的。我认为这里的"信仰"所指涉的是这位君主公开表态的部分，而非他的内心想法。但他的基督教信仰——不管它看起来是什么样的——必然影响了人们对其行为的评价。异教徒们试图将这位君主隐于未明，用最阴暗的颜色描绘他。基督徒们则从别的角度刻画并且夸大他的性格和影响。哪一个是真实的他呢？"真实"到底存在吗？当现今的历史学家们必须小心谨慎地筛选史料，判断从哪些描述能读出哪些可信的证据的时候，这一评判标准又从何而来呢？基督教和异教的作者们在讲述君王的生平时，一定都做了加工。这些视角背后的相应动机有待认识，但人类的生活和行为就是由特定的模式构成，因此，并非所有可以被揭露为与基督徒或异教徒有关的东西都是错误的。在这篇前言的结尾我要承认：这是我眼中的君士坦丁。

补充说明一下"君士坦丁（Konstantin）"这一写法：这是一个德语化的写法，以便和一些类似的名字相区分——例如和他的儿子君士坦丁二世（Constantin II）相区分。我只在意大利语部分和铭文翻译部分保留了"C"打头的写法。同时我省去了君士坦丁"一世"和君士坦丁"大帝"的称谓。

第一章　放弃旧有的神祇（公元326年）

公元 326 年，罗马，夏。与如今的夏月无异，沉闷的炎热席卷了整个城市。成为罗马帝国统治者近两年的君士坦丁来到西罗马，来到这个庞大帝国的都城，为了在此重复他一年前在东罗马尼科米底亚（Nikomedien）举办的执政二十周年庆典（Vicennalien）。这是他第三次造访台伯河，并且这一次本该比前两次更为堂皇。公元 312 年，罗马城外那场意义深远的米尔维安大桥战役（Schlacht an der Milvischen Brücke）奠定了君士坦丁对帝国西部的统治地位，这位君主由此首次踏足罗马城。两年后他重返此地，庆祝他执政十周年（Decennalien）。此时的他大局在握，重新探访那从前孕育了罗慕路斯（Romulus）的城市——他庞大的帝国正是从这里发端。

那是一场极其隆重的盛典。君士坦丁由他的两个异父弟弟达尔玛提乌斯（Dalmatius）和尤利乌斯·君士坦提乌斯（Iulius Constantius）陪同。关于庆典游行我们并未掌握直接证据，但我们完全可以参考阿米阿努斯·马尔切利努斯（Ammianus Marcellinus）对30年后君士坦丁二世罗马之行的描写，想象当时的盛况（16，10，6-9）。

> 他（君主）独自坐在装饰着各色宝石、熠熠发光的黄金马车上，一束跳动的光仿佛和这光芒融为一体。在前进的人丛后面，紫线织成的龙形纹章包围着他，它们被安置在镀了金的、装饰着宝石的长矛顶端。这些龙张着大口在空中吐出气息，仿佛因愤怒而嘶嘶作响，弯曲的尾巴在风里盘绕。（君主的）两侧，两队手持盾牌、头顶花翎的武侍阔步而行，闪亮的盔甲让他们光芒四射，在这其中有装甲骑兵……人群齐声欢呼，迎接皇帝的到来。

公元 326 年的场景可能就是如此，但实际上却不一样。关于这一年君士坦丁罗马之行最详细的描写来自希腊演说家利巴尼乌斯（Libanius），他于公元 387 年这样描述［《讲演集》（Oratio）19，19］："当罗马的民众用极其粗鲁的呼喝攻击他（君士坦丁）时，他问他的两个弟弟该怎么办。一个说，应该派一支军队去杀了他们，他将亲自率领；另一个说，真正的君主不该在意这些小插曲。前者主张杀伐是必要的，（君士坦丁）回答，残忍对统治者没有好处。"人群中传来的不是欢呼，而是谩骂，彻底坏了君士坦丁在庆典日的心情。

5 世纪下半叶，异教历史学家佐西姆斯（Zosimus）证实了这一事件（2，29，5）："正当传统庆典举行之时，军队必须朝着卡比托利欧山（Kapitol）进发并按照惯例完成仪式，君士坦丁对这些士兵心存忌惮，因此加入了庆典。但是埃及人让他突然意识到，向卡比托利欧山进发惹来的是肆无忌惮的羞辱，于是他离开了这神圣的仪式，并因此招致元老院和人民的恨意。"佐西姆斯用"埃及人"来形容性格古怪的人，这种表达存在于所有文化和语言中。在这种情况下，也许这个"埃及人"更像是一个基督徒，一个"西班牙疯子"，一个让君士坦丁意识到他并不受欢迎的始作俑者，佐西姆斯在其他作品中也有过同样的表达。

这里事关那次著名的向着卡比托利欧山的进发，那里是罗马异教徒的圣地。许多现代历史学家认为，君士坦丁应该考虑到他的基督徒身份而放弃这个地方。佐西姆斯注明这一事件发生在公元 326 年，只是当今的一些历史学家无论如何都要把这件事和公元 312 年那次所谓的皈信联系在一起，并因此将事件发生的时间往前推移了差不多 15 年。这一做法纯属多余，毕竟事实上，"皈信"往往可能是一个漫长、缓慢的过程——如果人们对它的认知也是这样的——而不是像扫罗／保罗（Saulus／Paulus）归化那种所谓的突然事件。

君士坦丁在两个弟弟的伴随下造访罗马，在此过程中，皇宫的画像和雕塑遭到破坏，罗马城的居民谩骂纷纷，这些也许是符合史实的，但利巴尼乌斯笔下间接展现的君士坦丁和他弟弟的态度却并非如此。这个非正式的内部议事会里进行的协商是非公开的,因此人们乐于给各个人物编造说辞,以便展现他们的性格:君士坦丁,温和的统治者;达尔玛提乌斯,建议施仁政的兄弟,被委以重要的政治任务;尤利乌斯·君士坦提乌斯,从未在君士坦丁的政治蓝图中扮演重要的角色。

对君士坦丁的口头攻击到底是怎样的呢?部分可以确定,部分还有待考证。也许在公元326年的夏天,那首被偷偷悬挂在宫殿大门上的谐谑双行诗已经在罗马引发了一些轰动。它的创作者认为,尼禄时代借由君士坦丁复活了,这是对发生在同年的一桩谋杀的明确影射——它暗示君士坦丁谋杀了法乌斯塔(Fausta)和克里斯普斯(Crispus),即他的妻儿[圣希多尼乌斯·阿波利纳里斯(Sidonius Apollinaris),《书信集》(Brief)5,8]:"谁想让土星的黄金时代回归呢?当今虽用宝石粉饰太平,却和尼禄时代一样糟!"此外,当罗马城内的不满情绪借由谩骂发泄出来,我们可以把那想象成一种呼喊,自古以来那就是民意表达的一种形式，例如在剧院中喊出排练过的、有节奏的口号。我们知道一系列积极友善的呼喊，例如人们对君士坦丁的一位"祖先"——克劳狄二世（Claudius Gothicus，268~270 年在位）的欢呼［《罗马帝王纪·克劳狄》（*Scriptores Historiae Augustae, Claudius*）4, 3］："克劳狄大帝，众神保佑您！"（如此山呼六十次）；"我们永远期望您和像您一样的君主！"（山呼四十次）；"克劳狄大帝，国家需要您！"（山呼四十次）。

同样，民众也可借由这样的呼喊表达批评之意。公元 331 年，君士坦丁在一条法令中命人完整汇报这些呼喊的内容；他要在官方评价中加入民意。

事实证明，罗马上层社会把民众当作他们表达不满的喉舌。在前面提到的庆典中，君士坦丁一开始参加了朝着卡比托利欧山进发的游行，但是后来在一位基督教主教的劝说下提前离场了。这一行为触发了他和罗马上层社会的矛盾。异教徒军队向着卡比托利欧山行进，君士坦丁也置身其中，直到有人劝服他退出。这一行为构成了对罗马异教徒圈子的羞辱,成为压倒骆驼的最后一根稻草。前一年君士坦丁和阿西里乌斯·塞维鲁斯(Acilius Severus)将一名基督徒任命为城市最高长官,罗马城内掀起了极大的不满。通过这次放弃前往卡比托利欧山的举动,君士坦丁无疑是在向全罗马宣称,他要放弃旧有的神祇。

为了理解这一决定,理解他为什么作出这样一个决定,我们要重走一遍君士坦丁的生命旅程,为此我们首先回忆一下他出生时的政治历史背景。

第二章　君士坦丁的周围环境

284年11月17日，戴克里先（Diocletians）被选为皇帝。这次选举延续了长久以来的传统。高级将领们统一决定一个统治者人选，磋商后将其带到军队大会上，通过呼喊声的高低来决定选举结果。考虑到帝国军队的棘手现状，戴克里先决定自己驻守东部，任命他的好友马克西米安（Maximianus）为统帅坐镇西部。286年，马克西米安在西部表现了杰出的军事才能，戴克里先又进一步将他擢升为奥古斯都（Augustus），即共治皇帝，而戴克里先自己仍保留着最高统治权。他把控着立法和财政大权，再分权给下属。293年，戴克里先将"恺撒

（Caesar）"定位为现任皇帝的指定继承人，305
年任命了新的奥古斯都和恺撒；308 年他又尝试
分配了新的皇帝头衔。我们从两位皇帝的别号
中可以窥见二人在统治权限上的区别：乔维奥
（Iovius）和赫库里乌斯（Herculius）。乔维奥
是从朱庇特衍生而来，代表正帝奥古斯都；赫
库里乌斯对应的则是神话中的宙斯／朱庇特的
儿子赫拉克勒斯。

293 年，两位皇帝迈出了重整帝国的重要一
步，即创立四帝共治制。君士坦丁的父亲君士
坦提乌斯和伽列里乌斯（Galerius）同被任命为
恺撒，进入共治者行列并成为指定继承人；这
一任命防止了篡位者的出现。基督教作者拉克
坦兹（Lactanz）借伽列里乌斯之口描述了这一
制度 [《论迫害者之死》（*Über die Todesarten
der Verfolger*）18，5]："一个国家中有两位
最高领导人，还有两位次级领导人作为他们的
副手。"

两位恺撒都由他们的奥古斯都收养，由此
形成了一个虚拟的统治者家庭，其中的成员互
相紧密联系在一起。戴克里先是马克西米安的

"哥哥"、伽列里乌斯的"父亲"和君士坦提乌斯的"叔叔"。这四个皇帝既是由血缘或收养关系维系的世俗家族中的成员，同时也是他们所属的神圣家族的统治者。那时的艺术家在描绘他们时，赋予他们相似的面部特征，以表达他们之间存在着家族式的联系。在古罗马的四帝共治柱或是威尼斯的四帝共治雕像中，奥古斯都和恺撒的区别仅仅在于一撮胡子，它表示奥古斯都是年长者。

在四帝共治制度之下，奥古斯都按照规定的时间退位，其继任者会被提前安排好。之后，按照计划，四帝共治制会成为一种治理模式，确保继承皇位的是最佳人选。四位中的每一位都会分得一个辖区，但原则上恺撒隶属于各自的奥古斯都。帝国的重新规划并不代表着分裂，因为每一位奥古斯都都可以跨越他们的领地，而戴克里先仍是最高统治者。四片区域划分如下：戴克里先镇守帝国东部，他的恺撒伽列里乌斯得到了从诺里库姆（Noricum）到多瑙河河口的多瑙行省；马克西米安统治意大利、非洲和西班牙，他的恺撒君士坦提乌斯则统治高卢和不列颠，这是他从一个篡位者手中夺回的土地。"天上"的权力划分和世俗中的划分类似，在朱庇特和赫拉克勒斯之外，索尔（Sol）和玛斯（Mars）是君士坦提乌斯和伽列里乌斯的守护神。

戴克里先和他的共治者的一大创新在于，他们通过一套系统化的统治者神学为自己统治的合法化奠定了基础，极大地维护了帝国的稳定。统治者把自身及他们的权力与传统的神祇相联系，而对自己地位的这种认识又和全新的诉求联系在一起，即他们全权负责进行和神的交流，以及保持井然有序的宗教关系。意义深远的创新在于，统治者声称自己独有了解、掌控道路和真理的权力。

流传了几百年的罗马宗教是整个生活秩序的基础，也是国家之根本。似乎只有坚持这种传统的宗教秩序，众神才会继续保佑国泰民安。例如，戴克里先在一项婚姻法规中将一条古老的乱伦禁令解释为神的命令，皇帝必须守护它，以求得上天对国家的庇佑。这位四帝之首更禁止了摩尼教的宗教潮流，这使他的意图愈加明显。这一宗教从敌方波斯传入古罗马，是一个新的宗教潮流，引发了极大的不安——戴克里先如此认为。他必须作出干预［《前查士丁尼法律文件》（*Fontes Iuris Romani Anteiustiniani*）2，580］："永生的诸神仁慈地降下天命，规定了何为善，何为真……；不要阻挡或反对它，这是神的诫命，旧的宗教不应为新的所非难。"因此，那些"非难"或妨碍了旧宗教的新宗教，包括基督教，都受到了迫害。

四帝共治制度和在此基础上建立起来的帝国已经展示了诸神的归属，国家宗教（Staatskult）通过国祭①得到了巩固。至少从西塞罗开始，他发现罗马人和其他人最大的不同就在于其信仰［《论神的本质》（*Über die Natur der Götter*）2，8］，罗马帝国"所有"居民的集体祭祀典礼成了国家生存和繁荣的根本前提。这一观点伴随着国家对民众私人宗教信仰和活动的极大包容应运而生。这种包容催生了大量宗教信仰和哲学流派，多得令人眼花缭乱，帮

---

① 一种国家的、集体性的宗教信仰和崇拜习俗。——编者注

助人们应对生活，也给了他们逃离世俗关系之枷锁的希望。有无数神祇可供利用。教会史学家索克拉特斯（Socrates）记述了著名异教哲学家地米斯蒂（Themistios，317~388）的一段名言，4世纪中叶存在超过300种不同的宗教崇拜，按照他的理论，这是因为"神想被以不同的方式祭拜"[《教会史》（Kirchengeschichte）4，32]。所有的神一齐给在神之市场挑挑拣拣的人提供建议；人们可以根据时间、金钱和兴趣投身一个或多个神秘组织。正如叙马库斯（Symmachus，约345~405）在4世纪末一场针对基督教权力的答辩中所说，通往真理的路不止一条，这是一个基本信念[《报告》（Relatio）3，10]。

开头所描述的，国家对所有民众举行共同的宗教祭典的基本要求涉及君主崇拜，并且给私人参与留下了自由空间。当政治上出现困难时，比如在3世纪中叶德西乌斯（Decius，见第五章）统治时期，统治者可以加固国家生存之根本，或者通过要求他的臣下表明对国家（宗教）的忠心来新建国之根本。拒绝这样做的人和机构将被威胁受到制裁。基督徒有时会拒绝这种公开表态。他们承认君权神授，但是拒绝把君主当作偶像崇拜；至少那些主要的，我们称之为教父（Kirchenräter）的早期基督徒都会表明此种意见。

只有一个神，他们总是这样说，因此基督徒失去了选择其余神祇的自由。和四帝共治制度下的统治者的矛盾就此埋下伏笔。303 年，在东罗马开始并系统化推进的那场真正意义上对基督徒的迫害中，这一矛盾爆发了，直到 311 年才由伽列里乌斯的一纸诏书画上句号。

按照长期以来的计划，戴克里先于 305 年在军队大会前宣布退位。他脱下紫袍，将它披在了自己的恺撒伽列里乌斯身上，由他继承奥古斯都的头衔。同一天，马克西米安退位，君士坦提乌斯晋升为奥古斯都。两位统治者身侧又有了新的恺撒：塞维鲁二世（Severus）在西罗马，马克西米努斯·戴亚（Maximinus Daia）在东罗马。戴克里先的制度至此仍然生效，翌年却随着君士坦提乌斯在不列颠去世而土崩瓦解，驻守在那里的军队拥护其子君士坦丁为奥古斯都。

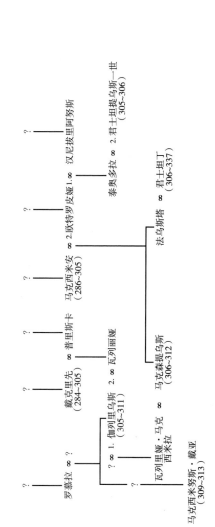

谱系图 1　四帝共治制

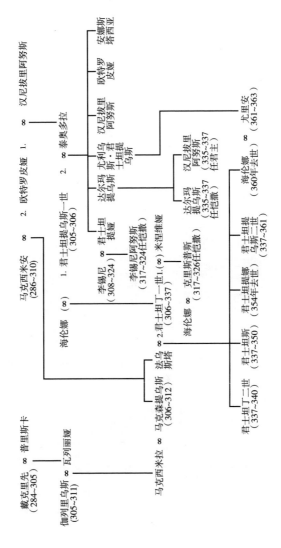

谱系图 2　君士坦丁王朝

第三章　家庭和青年时代

如果人们观察四帝共治制的谱系图（见谱系图1）便会发现，对于四位初代统治者的父母我们一无所知。这一点在君士坦丁的父亲君士坦提乌斯身上也适用。自他死后，君士坦丁才开始勾勒从克劳狄·哥特乌斯[①]开始的家族渊源。拜占庭人给君士坦提乌斯起了一个绰号"Chlorus"，源自希腊语的"苍白"。他在马克西米安的皇廷中起着非常大的作用；他可能是当时的执政长官，并且在对法兰克人的战争中取得了胜利。君士坦提乌斯和马克西米安的继女泰奥多拉（Theodora）结婚，因

[①]　即前文的克劳狄二世。

此两家结成了姻亲。这段唯一的婚姻给他带来了六个孩子，分别是三个儿子达尔玛提乌斯、尤利乌斯·君士坦提乌斯和汉尼拔里阿努斯（Hannibalianus），三个女儿君士坦提娅（Constantia）、欧特罗皮娅（Eutropia）和安娜斯塔西亚（Anastasia），前一段非婚关系的结晶君士坦丁是他们同父异母的哥哥（见谱系图2）。

君士坦提乌斯的个人成就和他与马克西米安之间的紧密联系促使戴克里先在293年收养他并封他为恺撒。他的领地为高卢地区，以特里尔和约克为都城，那里有军事任务等着他，即为两位奥古斯都收复卡劳修斯（Carausius，286~293年在位）时代从帝国分裂出去的高卢和不列颠。经过多年的战争准备，他终于在296年收复了不列颠。翌年君士坦提乌斯还短暂地统治了意大利，那时候的马克西米安正在非洲同摩尔人作战。

从297年年末开始，君士坦提乌斯留守在他的领地，彼时伊比利亚半岛也归他管辖。从那时起直到305年，他同法兰克人和阿勒曼尼人之间发生了一系列战争。全国性的对基督徒的迫害始于 303 年，君士坦丁下令拆除在他领地内的教堂，但据说并未对教徒执行死刑，这也没有给他带来什么后果。305 年 5 月 1 日，戴克里先和马克西米安按照约定退位，两位恺撒随之继任奥古斯都，因此君士坦提乌斯作为原本较年长的那位恺撒升为地位较高的那位奥古斯都。这两位新上任的奥古斯都也同样册立了各自的恺撒：伽列里乌斯的恺撒是他姐妹的儿子马克西米努斯·戴亚；君士坦提乌斯的恺撒是尚且籍籍无名的塞维鲁二世。这是第二代四帝共治，这一制度建立的初衷是为了避免以往王位更迭时伴随而至的战争。不久后，君士坦提乌斯一直驻守东部的长子来到了不列颠。

这位名叫君士坦丁的长子出生于默西亚行省的内索斯（Naissus in Moesien），即如今塞尔维亚的尼什（Nis），出生日期大约是 270~288 年间的某一个 2 月 27 日。当时他父亲的地位如何并不可知，他的母亲海伦娜是一名马房女仆，出生于黑海南岸的比提尼亚（Bithynien）。君士坦丁是"情欲的副产品"（13，1，4），12 世纪拜占庭僧侣左纳拉斯（Zonaras）如此写道，尽管他尊称君士坦丁为"正教信徒中最著名的"君主。还有类似的记载表明，君士坦丁的父母并未真正结婚。并不是海伦娜低贱的出身使君士坦丁蒙羞，而是其中的不合法性：君士坦丁是一个私生子，这一点后来又被尤利安（Iulian）强化了。这位361~363年间在位的皇帝认为自己才是君士坦提乌斯的正统继承人，是君士坦提乌斯和与其门当户对的合法配偶泰奥多拉公主的后代，因此君士坦丁并不是合法的皇位继承人，其同父异母弟弟尤利乌斯·君士坦提乌斯——尤利安的父亲——才是皇位正统继承人。

君士坦提乌斯和泰奥多拉结婚后，海伦娜就从他身边消失了。古希腊、古罗马的历史学家笔下的海伦娜直到君士坦丁成为唯一统治者后才再次出现。有一个细节也许印证了君士坦丁在他的少年时代和母亲交流甚少：他并未掌握他的"母语"希腊语，后来在希腊东部身边必须有一名翻译。

对君士坦丁的童年和少年时代我们一无所知；典型的一点是，我们只知道四个可供选择的名字：盖乌斯、卢修斯、马库斯和提图斯。

当君士坦丁的同时代人、基督教传记作家尤西比乌斯（Eusebius）想要描写这位英雄的生平时，他已没有更多信息，或者说他找不到和这位英雄相匹配的形象。因此他依葫芦画瓢般参照《旧约》叙事中的摩西，写下了君士坦丁的人物故事。尤西比乌斯只知道，君士坦丁在他父亲的共治者身边度过了童年和少年时期。296年随戴克里先穿越巴勒斯坦前往埃及平定叛乱时，君士坦丁想结识他。拉克坦兹补充到，君士坦丁是伽列里乌斯骑兵队的领队；305年两位奥古斯都戴克里先和马克西米安退位时，如上文所述，君士坦丁去往他父亲所在的不列颠。在那里，父子二人共同抗击皮克特人（Picten）和苏格兰人（Scoten）。在那之后，君士坦提乌斯病倒了并于306年7月25日在埃博拉肯／约克（Eboracum/York）逝世。

第四章　权力的交接和争夺西部的斗争

如今在约克参观大教堂的人可以看见在教堂地下有一个陈列室，布展人怀着极大的骄傲向游客展示 306 年"世界历史"被书写的地方。那里是罗马总督宫（Statthalterpalast）的所在地，实际上它可能也是 306 年 7 月 25 日，君士坦提乌斯的忌日那天，不列颠军队拥护其子君士坦丁为奥古斯都的地方。

戴克里先的体系败于一个事实：并不是所有的奥古斯都都像他自己一样愿意毫无怨言地交出权力。更进一步讲，这一体系之所以失败，是因为一些奥古斯都的子辈更愿意遵循向来行之有效的帝位承袭的方式，而不愿去思考谁是对国家来说最合适的人选；早在公元 2 世纪出现的领养继承制也不过是应对历代皇朝法则的权宜之计。

所谓的对最佳继承人的挑选，在意识形态层面巩固了这一套继承体系，在军队中却不起作用，因为军队更多地建立在家族传统的延续上。在戴克里先体系的框架下，君士坦丁的继承实际上是一场篡位。根据百年来的传统，君士坦丁将他死去的父亲列入众神之位。当尸体在柴堆上燃烧，一只雄鹰从笼中飞向天空，象征着死者升天。由此，君士坦提乌斯成了神，君士坦丁即神之子。

"君士坦丁接过统治权后，他的头等大事是恢复基督徒的宗教信仰和他们的上帝。这一神圣宗教信仰的确立是他的第一个法令。"这一关于君士坦丁和基督教信仰之间关系的证明来自拉克坦兹 306 年的注释，显得十分罕见（《论迫害者之死》24，9）。引人注目的一点是，尤西比乌斯，这个注意到君士坦丁最细微的亲基督教情感的人，却对此事一无所知。拉克坦兹到底想表达什么我们不得而知；也许正如君士坦丁自己所说的那样，人们不可强迫他人信仰某一宗教，那时的他已经包容基督教信仰了。

君士坦丁篡位之后，在权力冲突中虽有审时度势的结盟，人们却不会搞错，争权者们归根结底是为了一个目标：独裁。不同点在于他们各自的能量和承担风险的决心，也就是侵略的决心。在这一点上，控制着不列颠、高卢和西班牙的君士坦丁远远超过了他的竞争者。几场内战后，君士坦丁于312年掌管了西部，李锡尼（Licinius）掌管东部。324年，君士坦丁打败李锡尼实现了独裁。

君士坦提乌斯死后，伽列里乌斯自动成为权力最高的奥古斯都，君士坦提乌斯生前的恺撒塞维鲁二世也晋升为新的奥古斯都。君士坦丁请求伽列里乌斯接受他为共治帝。为了保住四帝共治制度的余晖，伽列里乌斯承认君士坦丁为塞维鲁二世的恺撒；想要除掉他，不付出巨大代价几乎是不可能的。即使是这样的缓兵之计也只维持了几个月。当从未踏足罗马的伽列里乌斯想要削弱那里禁卫军的力量时，军中动乱暴起，军人和元老院联手，于306年

10月28日在人民的支持下拥立马克森提乌斯（Maxentius）为奥古斯都。作为前任奥古斯都马克西米安之子和伽列里乌斯之婿，他和君士坦丁以同样的方式得到了"承认"。

君士坦丁的篡位已给戴克里先的理念带来了打击，马克森提乌斯的暴动更使这一制度土崩瓦解。随着他引起暴动，罗马帝国此时有五个人物，每个都认为自己有资格插手帝国事务，正因如此，不久之后他们都不满于只拥有一块帝国领土。这五人分别是：奥古斯都伽列里乌斯、奥古斯都塞维鲁二世，以及两个自封的奥古斯都君士坦丁和马克森提乌斯；马克西米安是第五位奥古斯都，他曾于305年退位，如今又宣布复位。伽列里乌斯把马克西米安列为国家公敌，塞维鲁二世亦致力于消灭他，却在军事上吃了败仗，被马克西米安俘虏并处死，而这件事必定是马克森提乌斯父亲自己的利益所决定的。

马克西米安和君士坦丁于307年年底在他的都城特里尔（Trier）会晤，把女儿法乌斯塔嫁他为妻，并可能在当年的12月25日于阿尔勒（Arles）擢升他为奥古斯都。后来，不论是马克西米安还是伽列里乌斯都没能除掉马克森提乌斯，他在罗马的地位前所未有地得到了稳固。为求政治稳定，伽列里乌斯借着戴克里先的威名，尝试推行新政策，彼时的戴克里先已经退位，住在斯帕拉托 / 斯普利特（Spalato/Split）的宫殿中。伽列里乌斯于308年年末在卡农图姆［（Carnuntum），即现巴特多伊奇—阿尔滕堡（Bad Deutsch-Altenburg）］召开了一次帝王会议，会议的结果是仍遵循已有的四帝共治模式：李锡尼遵照伽列里乌斯的意愿在塞维鲁二世死后成为西部的奥古斯都，伽列里乌斯自己做了东部的奥古斯都。君士坦丁是李锡尼的恺撒，马克西米努斯·戴亚是伽列里乌斯的恺撒。这一计划建立在这样的基础上，即马克西米安再次退位，且人们无视马克森提乌斯的存在；这一举措并未让新的规矩建立起来，反而扩大了政治上的混乱。

如果不是他与父亲的冲突并未得到非洲军队的理解，马克森提乌斯原本不用顾忌这次帝王会议的结果。马克森提乌斯试图干预一个行政区时，那里的统治者亚历山大宣称自己为奥古斯都。君士坦丁也不愿意放弃奥古斯都的称号，这称号也是马克西米努斯·戴亚所要求的。但我们可以逐渐忽略头衔的问题。这涉及310年七名统治者的权力要求：叙利亚的马克西米努斯·戴亚，色雷斯（Thrakien）的伽列里乌斯，潘诺尼亚（Pannonien）和雷蒂亚（Raetien）的李锡尼，高卢的君士坦丁和马克西米安，意大利的马克森提乌斯和非洲的亚历山大。

与此同时，君士坦丁向法兰克人开战，让莱茵河右岸布鲁克特里人（Bructerer）的国家化为焦土并俘虏了人质，以此逼迫他们求和。紧接着，他扩充舰队，翻新莱茵河畔的一系列防御工事，稳固了莱茵河边境。在科隆－道依茨（Köln-Deutz），一座堡垒在君王面前拔地而起。

310年，君士坦丁在莱茵河畔接到消息，他的岳父马克西米安霸占了存放在马赛的国库财产，在阿尔勒第三度称帝。君士坦丁用自己的方式解决了这个问题：他通过急行军来到南法，迫使马克西米安再次退位；不久后人们就发现他自缢而亡了。拉克坦兹提供了一个富有想象力的故事，证明君士坦丁并无过错，而这显然是很有必要的：马克西米安向他的女儿法乌斯塔许诺，会把她嫁给比君士坦丁更尊贵的人，她只需留着卧室门，好让他半夜来杀掉自己的女婿。法乌斯塔向君士坦丁和盘托出了父亲的计划，夫妻二人找了一名太监睡在君士坦丁的床上，因为他们想明确掌握马克西米安的罪证。入夜，马克西米安告诉守卫，他刚才出现了幻觉，要马上通知君士坦丁，遂成功潜入了君士坦丁的卧房。他杀了那个太监，当他真正想要谋杀的对象出现的时候，他还在大声夸耀自己的行为。君士坦丁让这个谋杀犯自行选择死法，后者选择了自缢。君士坦丁宣布马克西米安为国家公敌，打破了四帝共治的皇朝意识形态，反而宣传自己和克劳狄二世相关联的出身。大约同一时期，马克森提乌斯除掉了亚历山大，夺回了非洲——罗马的粮仓。

作为他父亲的继任者，君士坦丁在固有的四帝共治体系下把太阳神视作守护神。索尔被君士坦丁称为"sol invictus"，即战无不胜的太阳神，并镌刻在钱币上，长期以来位列众神之间。310 年，一篇写给君士坦丁的颂词让我们直观地感受到太阳神的形象，以及在古典时代，人们如何想象人与神的关系。

在演说的结尾，颂词作者描绘了君士坦丁如何遇上了阿波罗这位同样被奉为太阳神的神明。君士坦丁在马克西米安死后返回莱茵河畔的途中，拜访了如今位于孚日省格朗市（Grand in den Vogesen）的阿波罗神庙。该作者对君士坦丁这样说［《拉丁语颂词集》（*Panegyrici Latini*）6，（7）21，5—6］："你真的看到了他，并以他的方式重新认识了你自己。古老的预言中，他是统治全世界的神祇。我认为这些预言如今在你身上得到了应验；你，君王啊，像神一样年轻、幸福，能疗愈人心，无上美丽！"阿波罗在胜利女神维多利亚的陪伴下出现在君士坦丁面前，赐给他一顶写着 XXX 的月桂冠，承诺保佑他统治三十年——这在那个语境里是一段很长的统治期了。颂文显示了那个时代的人们是怎样看待人和神的关系的：君士坦丁看到了神，在这里神是以当地人认识的阿波罗的形象降临的。古代世界中，神和人，人和神之间是可以建立起联系的。在采取重大军事行动时，这一点尤为重要——在接下来的一段时间里，这种情况将屡屡出现。

对这一事件的研究中，人们反复探讨，在君士坦丁个人的认知里，这是真实发生的事情，还是出于某些政治原因而被伪造的，它是不是颂词作者的文学性虚构，或者祭司为谀美君士坦丁而设计的一个场景。所有这些都是人们想象出来的可能性，但它们并不真正地彼此分离。可以确定的是，君士坦丁本人也认同关于神和人的这种观念，因为他也提出了统治世界的主张。为了达到这一目标，他有很多步骤要走。首先，要取得对西部的统治。

在我们继续追踪争夺罗马帝国西部统治权的战争之前，有一件事值得一提，它的后续影响再怎么被重视都不为过，因为正是它使君士坦丁后来的宗教政治得以实现：伽列里乌斯的敕令。

第五章 伽列里乌斯针对基督徒的宽容敕令

311 年 4 月 30 日，当时作为第一代奥古斯都的伽列里乌斯公布了迫害基督徒的政治动因并且承认迫害措施失败。他承认基督教仪式的公开合法性，并由此保障了基督徒在当时的结社权（Vereinsrecht）框架下受保护，承认他们是被允许的宗教团体（religio licita）的成员。他们隶属于"登记在册的团体"，可以在负责人的监督下集会，在教会名下的地方举行集体活动，可以葬在教会墓地。因此，现有的团体被罗马法律规范承认为社会公共财产的合法持有人；在法律的保护下，团体所要缴纳的费用也减少了。伽列里乌斯给他的措施附上了条件；

基督徒不可以做任何违反公共秩序的事情，并且要为统治者和国家祈祷。在那之前，由于基督教仪式不被官方承认，基督徒也就没有进行过这样的祈祷。他们虽可以为皇帝和国家祈祷，但在国家眼里这都是无用功。这些法律和义务同样适用于其他宗教仪式。

戴克里先对基督徒的迫害是第一个被冠以"迫害基督徒"之名的行为。在德西乌斯或瓦勒良（Valerian）统治时期，或者在公元1、2世纪发生的事情最多只称得上是地方性的排挤。249年，德西乌斯要求帝国全体民众在所谓的祭拜委员会的监督下进行祭祀。基督徒们对此反应不一：有人执行命令，有人试图骗取祭拜证明（libellus）①，有人不执行命令，希望侥幸不被发现……各种可能性纷纷涌现。

因为祭拜证明通常是给一幢住宅的全体居民颁发的，它也覆盖了如下情况：比如一个基督教家庭的奴隶获得了这个证明从而保护了其

———————

① 指所有公民，尤其是基督徒，必须当着特派员的面完成祭拜，理由是要为国家的安全祈祷。完成者将获得一份祭拜证明，证明他们遵守了皇帝敕令，忠诚于诸神。——编者注

他所有人。德西乌斯显然没有预料到一些基督徒会主动拒绝，因为在敕令中好像并未预设惩罚条例。因此当时没有统一的针对反对者的处理办法，但他们中的一些人还是丢了性命。257年，瓦勒良专门颁布了针对基督教教士的祭祀命令，而非针对一般基督徒，在这项命令中他并非毫无理由地关注到，对皇室祭礼的反对中包藏着"坚硬的内核"。

更加意义深远的是自303年起实施的反对基督教宗教仪式的措施。总共颁发了四道敕令，其中最重要的规定首先针对参加宗教仪式的成员：禁止集会，摧毁圣庙，上交教会财产、文书和所有财产清单；被认定为基督徒的人不受法律保护。接下来的两道敕令主要针对神职人员，逮捕他们并强迫他们进行祭拜。第四道敕令最终要求所有罗马居民参与祭拜，正如德西乌斯之前已经规定的那样。

这场主要发生在帝国东部的大迫害的影响远远超过迄今为止发生的任何事情。这是因为，在那期间基督教在帝国东部得到了广泛的传播。诚然，关于基督徒的比例，我们既没有绝对的，也没有相对的数据，他们或分散在不同的城市里，或集中在大一些的区域中。但同样可以确定的是，基督徒的比例不容小觑这一猜测并非信口开河。这意味着，在当时基督教和异教混杂的古典时代的宗教环境中，各宗教团体的和平共存日益艰难。对基督教的排挤和基督徒所拥有的一种在异教崇拜中少见的传教狂热构成了主要原因。基督教的主教的自我意识觉醒了，鼓励他们的信众日益频繁地通过公开游行，捍卫自己的信仰。

基督教自瓦勒良时期（253~260 年在位）以来经历了一次显著的壮大，和周围的环境进行了更为深入的交流。周围的世界和它自己的世界一样，充满宗教性。对一些基督徒来说，和异教徒的交往原先是"并行式（Nebeneinander）"的，随着时间的推移，发展出一种"交互式（Miteinander）"的关系，比如在军中；和其他很多人一样，他们意识到服兵役是可以接受的一条人生道路，也是实现社会安全和个人晋升的基础。从 2 世纪起就有了基督教士兵，他们并不受早期基督教作家和一些主教的格言限制："兵役即偶像崇拜。"对一些基督徒来说，服兵役或是参加相关的祭礼都不是问题。基督教作家德尔图良（Tertullian）在 3 世纪初不经意地提到过一名士兵，他在参加典礼的时候出于某种迷信动机将花环拿在手上，而不是戴在头上，以此公开表达对该仪式的抵触 [《关于士兵的花环》（*Über den Kranz des Soldaten*）1，2]。

有不同的方法来解决士兵必须参加帝国祭礼的问题：他可以在相应的祈祷中保持沉默，秘密地画一个 × 或者交叉手指，他可以不拿祭肉，而用自己秘密带来的食物代替。其他宗教的信徒也可能使他信服，官方崇拜和私人崇拜可以共存。人们也可以在对一名基督徒的诉讼中采纳总督的观点，对他说，外在的宗教仪式和一个人内心的信念是两件不同的事情，当基督徒完成规定的祭拜时，他甚至愿意为其承担责任 [赫伯特·穆索里罗（Herbert Musurillo），《基督教殉教者的行为》（*The acts of the Christian martyrs*，Oxford 1972），第 262~263 页]。

毫无疑问，对相互影响的双方来说，一种广泛传播的观点起了重要作用，即一个人可以同时接触到很多不同的神。为许多神灵而写的献祭铭文与向"其余的不死的神"奉献时所说的套语一样寻常。如果人们可以供奉密特拉神（Mithras）"和"塞拉皮斯神（Sarapis），为什么不可以供奉密特拉神"和"基督呢，为什么不能把基督教和君主崇拜结合起来呢？我相信，如果这种态度获得广泛认同，人们完全可以把君士坦丁312年立一个新神的决定理解为立一个附加的神。但是君士坦丁和他周围的人逐渐才意识到，这位神明不容许自己身侧还有别的神。

诚然，大多数情况下主教反对基督教信众参与其他宗教仪式，但是随着宗教团体的不断扩大，集体的约束力消失了，个体的独立自主意识增长起来。殉道者传记向我们表明，主教不得不对长期服役的士兵做了怎样的说教工作，直到当中的某人在服了27年兵役后才发觉，自己已经进行了超过半辈子的偶像崇拜。正是死亡的视角驱使人作出让步，这一点可能是符合人性的。

马里努斯（Marinus）是驻巴勒斯坦军团中的一名士兵，在军中担任低级军官，服役多年来一直指望着获得更高的军衔。当他等候被提为百夫长的时候，他被一个排在他后面的同侪举报了：马里努斯是一个基督徒，是不可以进行祭拜的。他开始军事生涯至今，已经完成了所有的宗教行为——通常是被动的。要成为百夫长，按照要求他本不得不自己完成祭拜。他的主教劝告他这是一种偶像崇拜，之后这位士兵拒绝了祭拜，选择赴死。（《基督教殉教者的行为》第 240~243 页）。

马里努斯的例子反映了人的妒忌心、竞争意识、厌恶或憎恨，我们在研究异教徒和基督徒每日在同一处住所、同一片街区或同一个城市朝夕相对的情形时必须考虑这些。这些人与人之间的冲突向来就有非常多的可能性，随着宗教仪式方面的差异而进一步升级。基督教的扩张触及了个人和整个城市的根本经济利益，这一点很重要。建筑工、银匠、装饰人员、画家、石匠、铜匠、雕刻工人，这些和神像铸造相关的人员都因基督徒而受到了损害，因为后者认为描绘神的形象是偶像崇拜而拒绝接受。所有直接或间接靠制作祭祀仪式、神明庆典、拳击表演、马戏、角斗和戏剧等的相关产品为生的人对基督徒的这种节制很不满，这些人包括：祭司、预言家、演员、赛车手、舞台工作者、活动组织者、裁缝、酿酒师、商人、陶器工人、庄园主、农民、屠夫和店主等。

在基督徒面临潜在威胁的年代，他们的命运和告发联系在一起，正如在马里努斯同侪的那个例子里，总会有摆脱竞争对手的尝试，无论是在军中还是在恋爱关系中。在这场303~311年发生的持续了将近十年的迫害中，与此相关的伤口被撕开，难以很快愈合。我们20世纪的人当然不必举人们如何互相伤害的例子。殉道者传记，掘墓人和基督徒清醒的集体记忆确保了这些伤害在意识中尽可能地长久存在。

伽列里乌斯停止了迫害，他将基督教崇拜合法化，但他无法弥合撕裂的伤口，尤其是在东部——这一点需要被反复强调。在某些地方，血腥的迫害变得自发，唯一一个名副其实的宽容敕令也无法阻止这种情况。不过这一点并不是最关键的。最主要的原因是基督徒的自信从未减少，而是不断增加。

第六章　幻象和胜利

伽列里乌斯死于 311 年，仅在他颁布宽容敕令后不久；但人们不应因此怀疑这一举动也许是一个将死之人的断念。拉克坦兹虽然这样看待此事，却仍在他的《论迫害者之死》中给旧约式的复仇留下了余地。

伽列里乌斯死后，马克西米努斯·戴亚和李锡尼瓜分了他下辖的领土，他们从各自的领地出发，相向进军，在博斯普鲁斯海峡相遇，并以此为界；在帝国西部，君士坦丁战胜了马克西米安，正如马克森提乌斯战胜了亚历山大。剩下的四位统治者中，有共同敌人的人相互结盟，各自钳制对手。马克西米努斯·戴亚和马克森提乌斯结盟，李锡尼则谋求和君士坦丁接近。君士坦丁乐于如此，并让他同父异母的妹妹作为人质和李锡尼订婚。这只是一次订婚，并非实际婚姻，所以也可以这样理解，君士坦丁并未完全和李锡尼结盟，而是同时在观望着其他可能性。这样一来，君士坦丁和马克西米努斯·戴亚商定于313年起共同执政也就好理解了。事实证明这一结盟是无意义的，因为不论是李锡尼还是戴亚都没有介入西部的战争。所有这些协议都是在为军事对话作准备，这其中只有君士坦丁和马克森提乌斯之间的战斗值得一提。

我们其实仅从马克森提乌斯一方获悉军事行动之前的宣传活动，因为他身处基督教源头的交火中。和君士坦丁曾做过的一样（见第四章），马克森提乌斯把他的父亲和众神相提并论。他指控君士坦丁杀死了马克西米安，这一点并非空穴来风。罗马城内，人们拆除了君士坦丁的塑像，这清楚地表明了内战的来临。

现行的四头统治仅仅在形式上沿用了戴克里先的制度，君士坦丁在这其中做了一件前所未有的事，即 312 年，他决定和马克森提乌斯在战场上一决高下。借此他想冒险尝试一把塞维鲁二世和伽列里乌斯都没有做成的事情。马克森提乌斯控制着意大利和非洲，那两个地方一直以来都是帝国真正的核心地带。拥有了非洲，就相当于拥有了粮仓，而意大利则被他建成了军事堡垒。一位颂歌作者称马克森提乌斯有 10 万步兵［《拉丁语颂词集》9（12）3，3］，这个数字虽然有夸张的成分，却也可以断定，在这种情形下有一些反对侵略者的声音。

在君士坦丁向罗马进军的途中他需要越过一些障碍，这时已经出现了一些困难：塞古西奥［Segusio，或称苏萨（Susa）］、都灵、维罗纳、阿奎莱亚（Aquileia）。马克森提乌斯将意大利北部的这几个城市建成了要塞。正如一位颂歌作者所描述的，并非所有城市都愿意相信君士坦丁的怀柔政策并像阿奎莱亚一样愿意投诚。那些没有这样做的人，比如塞古西奥和维罗纳的居民，不久之后都会责问自己是不是疯了。君士坦丁在围守和饿困之后收服了维罗纳，成功完成了重要的一步。攻占维罗纳的战功也被呈现在了不久后建成的凯旋门上。紧接着，君士坦丁遭遇了一次失败，但具体地点不为人知。事实证明，马克森提乌斯的军队并未倒戈——况且又有什么理由这样做呢？——一切都和围绕罗马的决定性争议有关。

眼下君士坦丁的战略形势不容乐观，在敌对的领土上更是每况愈下。维罗纳一役充分展示了拿下一个城市是多么费力，征服都城就更加困难。马克西米安不久前将奥勒良城墙投入使用，马克森提乌斯自己囤积了大量粮食。

面对这种棘手的情况，君士坦丁需要给自己和军队额外的激励。预言家们没有找到有利的迹象，君士坦丁必须自己和一位神建立起联系，并从神性（Allgottheit，见本章倒数第二段）中感知到救赎的、积极的征兆。和当时的风气相符，这种联系几乎不可能通过其他方式，而是要通过幻觉来建立的，对古人来说，这是一种和神交流的可信方法。人们对和此类异象打交道习以为常，这澄清了那段涉嫌谋杀马克西米安和之后马克西米安自杀的历史（见第四章）。

教父关于米尔维安大桥战役前的异象的记载理所当然地受到了后期阐释的影响。天文学方面的推测一如既往地仅供娱乐，没有更多价值。君士坦丁看到了什么，他是否详细地描述过，直到最后也没有搞清楚，人们也不关心了。重要的是军事上的胜利和统治者的信仰，正是神的相助才令他大获全胜，基督徒认为这是他们基督教的神。

君士坦丁将基督徒拉克坦兹接到特里尔，当他长子克里斯普斯的老师。拉克坦兹在318年前后描述了米尔维安大桥战役前君士坦丁见到的幻象。上帝启示君士坦丁，把基督的标记 X P 作为胜利的标志加到士卒的盾牌上（《论迫害者之死》44）。用希腊语写作的基督教主教尤西比乌斯在大约20年后给出了另一个版本［《君士坦丁志》（*Leben Konstantins*）1，28］。按照他的说法，君士坦丁和他的军队在正午时分看见太阳上方出现了十字光芒，还有"靠这个符号取胜（τούτῳ νίκα）"这些字。尤西比乌斯保证，君士坦丁曾就此亲口对他发誓。这个誓言是很有必要的。在那个时代，神和神性意味着真正的权力，不会有人认为这样的事情是不可能的；但是所有在场的人，国王和军队，保持了近二十年的沉默，这个誓言应"填补"这个"漏洞"。

两个版本的故事反映了君士坦丁宣传的不同阶段；就这点而言，钱币上不仅出现了凯乐符号（Christogramm），还出现了铭文，但表述略有不同。拉丁语为 in hoc signo vinces 或 victor eris，"靠这个符号你将胜利"或者"将成为胜者"，但这仅在君士坦丁之后才相对固定下来。① 君士坦丁家族位于拉特兰（Lateran）的城堡的壁画下方有一个带有解释的凯乐符号 in signo [h]oc est patris victoria——"父亲（君士坦丁）的胜利在这个标记中"[瓦尼亚·桑塔·玛丽亚·斯科里纳里（Valnea Santa Maria Scrinari），《拉特兰的帝国》（*Il Laterano imperiale I. Dalle "aedes Laterani" alla "Domus Faustae"*，Rom 1991）第 164 页]。类似的幻象——更确切地说是将这一幻象移花接木到后续的一些事件中——在施巴利亚战役（Schlacht

---

① 原本的希腊语表述采用了现在时时态，转写成拉丁语之后变为将来时。——编者注

bei Cibalae）中得到了证实（见第七章）。显然，君士坦丁实际上主导并要求更精确地解释这些幻象以及相关的信息。这个解释的过程变成一种自洽，实际上在任何时代都一样。这是一种相互作用，在一个由统治者决定的氛围中，其思想引起了群众的共鸣并得到了进一步发展，最终又为统治者自己所用。这种宣传方式正好和现代的、自上而下强力命令和中央集权操控的方式相反。

君士坦丁是否为这个新的胜利标志作出了很大改变？他是否确实在士兵的盾牌上画了某种凯乐符号？这些问题悬而未决。罗马的部队标志很早就使用了十字形状。米努修·菲利克斯（Minucius Felix）在 2、3 世纪之交写道 [《屋大维乌斯》（Octavius）29，6-7]："即使是部队标志和骑兵队的旗帜以及军营旗帜，除了镀金或用金子装饰的十字架之外，它们还有什么？"因此，我们需要用新的眼光去看待部队标志，换句话说，对它的分析要从基督教的角度入手，以重新认识人们长久以来所熟悉的形式下的真实内容。在这些符号下，君士坦丁和他的军队准备与马克森提乌斯交战。

此时发生了一些令人意想不到的事：马克森提乌斯离开了他固若金汤的城市，在城墙外选择了野战。可以确定的是，引发他如此行为的既非对元老院和人民的不确定，也非夜晚的梦魇。这也许仅仅展现了他是多么的自信和有优越感。他的所作所为却给君士坦丁带来了唯一的机会，令他得以成功结束军事进攻。二人第一次相见是在罗马城北13公里处的红崖（Saxa Rubra），君士坦丁胜利后，继续向都城挺进。在城郊3公里处的米尔维安大桥爆发了混杂着愤怒和冷酷无情的一场战役。马克森提乌斯的精锐部队，尤其是他的贴身卫队战败后，马克森提乌斯本人失踪了；他从马上跌进了台伯河，溺水而亡。随着马克森提乌斯在战争中殒命，这场战斗看起来更像是命中注定一般。

君士坦丁和他的神获胜了。君士坦丁是如何理解他的神，如何"信仰"他的神的并没有那么重要，重要的是，他将助他作战的这位神看作基督教的上帝，伽列里乌斯在一年前已经认定对他的崇拜是合法的。伽列里乌斯要求基督徒为国家及其福祉祈祷。基督教的上帝展示了他愿意借由君士坦丁其人来保佑国家。随着一声巨响，他进入了公众视线：作为战争之神。后来，皇帝头盔上的凯乐符号出现在了奖章上（见图5a），奖章的背面是士兵和胜利女神维多利亚，这是战争和军事胜利的标志。

胜利之师进驻罗马，他们砍下马克森提乌斯的头颅插在长矛顶端，在这被征服的城市里游街示众。正是为此，君士坦丁才把他的尸体从台伯河里打捞出来。

经此一胜，君士坦丁成了罗马城的解放者，罗马公民乃至整个世界自由的恢复者，和平、安宁和公共安全的奠基人。许多铭文都赞扬这些品质，特别是凯旋门上的铭文。这座凯旋门是由元老院和罗马人民奉献给他的，并且在315年执政十周年纪念日之际为它举办了落成典礼［《拉丁铭文集成》(Corpus Inscriptionum Latinarum) 6，1139及《拉丁铭文集选》(Inscriptiones Latinae Selectae) 694］。

"统治者弗拉维乌斯·君士坦提努斯（Flavius Constantinus，即君士坦丁），最伟大的、虔诚的（和）幸运的皇帝，在神的助力下，在他伟大精神的引领下，和他的军队一起，在公平的战争中，为国家向暴君及其派系报了仇。为此，元老院和罗马人民奉献这座装饰着胜利标志的凯旋门给他。"

马克森提乌斯死后被施以"除忆诅咒（damnatio memoriae）"，他的名字不允许再被提起，就像这个人从未存在过一般。但是人们需要一个表达来指代他，让人们不提他的名字就知道是他。这位313年向君士坦丁致敬的颂歌作者遇到了这个问题，并用传统的方法解决了它。他没有用死者的名字，而是用贬义的词语来代指："那怪物"、"愚蠢无用的动物"、"身着紫袍的奴隶"，或者简单的，如"国家敌人"。至于凯旋门上的铭文和法律文本，君士坦丁的文书达成一致，用"暴君"这个词来谈论或书写一个不存在的人。

君士坦丁急于向上帝致谢；这是正常的，也在人们的意料之中。他用当时传统的思维方式和图画语言做到了这一点。除了收集关于教堂建筑的信息，几乎没有其他任何事情让君士坦丁的基督教传记作者如此勤奋。他在这方面的第一个成果可能早在315年之前就已落成，是建于一个兵营遗址之上的罗马的拉特兰大教堂（Lateran basilika）。同样出名的还有324~326年间建于梵蒂冈的圣彼得大教堂。君士坦丁及其家族成员捐赠的，或经济上支持建造的众多教堂证明了统治者的"信仰"，它们是出于国家利益的需求而建立的。它们同样证明了他的慷慨大方和好讲排场；从这方面来看，君士坦丁也想成为奥古斯都的有力继承人。他在行动报告中提到，他已经在罗马复建了82个圣所。

元老院决议建造的凯旋门是对抗马克森提乌斯的胜利的可见标志。事件发生三年后，在圣道（via sacra）的起点，在斗兽场、帕拉蒂尼山和古罗马广场之间，这道拱门拔地而起。这座凯旋门曾是一个官方的罗马艺术博物馆，因为它融合了众多战利品和不同时期的建筑元素：除了君士坦丁时代的浮雕和装饰元素之外，还使用了图拉真、哈德良以及安东尼时代的元素——因此人们推测这是从旧有建筑上拆下部件，在新建筑中重新使用。

凯旋门上关于君士坦丁的部分重现了那些促使人们建造这个胜利纪念场所的决定性事件。

从军队启程，到围攻一座城市——可能是维罗纳，君士坦丁站在他的士兵中间，比他们高出一个头，胜利女神为他加冕。接下来是对米尔维安大桥战役的描绘。君士坦丁再次被一些传统的神所包围：胜利女神、英勇之神（Virtus/Roma）和一位河神。君士坦丁和他的军队于312 年 10 月 29 日进入罗马，这一场景成了环绕凯旋门的浮雕带的终点。

除了刚才提到的神之外，凯旋门上还有一个太阳神，他是人们在文本中提到过的最高的神。重要的是，神的概念的具体内容在改变。过去索尔是至高无上的神，现在按照君士坦丁的理解，这一位置则属于基督。人们有理由推测，对君士坦丁来说，这个至高无上的神灵仍然主要与罗马帝国长期存在的那些观念有关。东方的天空之神和太阳神，比如奥勒良时期（270~275 年在位）被尊为国家之神的无敌者索尔（Sol Invictus），是神学发展的结果。在这一过程中，太阳神成了全能的、以其生命力渗透全世界的神；这与哲学启蒙的一神论倾向有关。因此，在众神背后伫立着一位不可名状的

世界之神，人们只能用"最高的神"这样的
名号来表达。"这是谁，永恒的神，他带来
永恒，在永恒中主宰？唯一的，不死的神。"
[《希腊文神秘宗教纸草文献》（*Papyri Graecae
magicae.Die griechischen Zauberpapyri*，2.Aufl.
hrsg. von Karl Preisendanz – Albert Henrichs，
Stuttgart 1974）第二卷第 237 页]

　　由于这两个发展，帝国时代整个罗马世界
流行着这样的观念，即（男性的）太阳就是整
个宇宙，太阳神索尔融合了所有或至少许多神
于一身。太阳不仅仅是一个天体，不仅仅是物
质世界的组成元素，人们从中看到了最高本质
的直接现身，一个全能神。欧坦（Autun）的颂
歌作者把君士坦丁当作太阳神来赞颂，也把他
和太阳神并列歌颂。在建筑和钱币上，太阳神
曾经并且长期充当着最重要的神。在君士坦丁
统治时期兴建的凯旋门的浮雕上，索尔被着重
描绘；太阳神出现了四次，其中有两次是和统
治者一起。在钱币上，太阳神很长一段时间和
君士坦丁相伴出现。

　　太阳神的很多特质被从基督教的角度重

新解释。如果基督在他的显现方式上与太阳神有许多相似之处，那么使君士坦丁信服这个至尊的神就是基督当然不难。如果众生从中看到了其他神的现身，这对君士坦丁来说也不成问题，因为重要的是，所有信徒效忠的是同一个神。

第七章　争夺东部的战争

鉴于四位皇帝 312 年之前各自所作的军事上的努力，我们可以看出，和平相处只是一时的需要，而非长久之计。因此，君士坦丁对马克森提乌斯的胜利可以被理解为争夺东方的斗争和独裁专制的开端，而这一发展并非必定是直线式的。

君士坦丁接手了马克森提乌斯手下的一些人，以保障他在新征服地区的稳定统治。那些与"暴君"站在同一立场的人可能被处死了，但原则上君士坦丁宣传并实施了宽大政策。凯乌斯·凯翁尼乌斯·鲁非乌斯·沃鲁西阿努斯（Caius Ceionius Rufius Volusianus）就是一个例子，他是罗马贵族阶层的著名一员，在马克森提乌斯麾下身居高位，曾担任罗马禁卫军指挥官、城市指挥官和最高执政官。在君士坦丁时代，他的地位再次得到提高，君士坦丁任命他为被"解放"的罗马城的长官。

313 年 2 月，君士坦丁与和他结盟的李锡尼在米兰会面，进行了一系列商谈，主要是关于宗教问题的约定。此时李锡尼已经和君士坦丁的同父异母妹妹君士坦提娅结婚，这也加强了他们之间的合作关系。君士坦丁在占领了被他打败的马克森提乌斯的领土的基础上又接手了原本要赠予李锡尼的土地。因此李锡尼需要补偿，这样做的代价则是放弃与马克西米努斯·戴亚的关系。所以君士坦丁中断了与戴亚的联系，让李锡尼自由介入到争夺东部的斗争，却没有给他积极的军事援助。当李锡尼和君士坦丁还在米兰谈判的时候，马克西米努斯·戴亚攻占了拜占庭。但是 4 月末的时候李锡尼和他兵戎相见，并于 4 月 30 日在亚德里亚堡（Adrianopel，即今天的埃迪尔内）战胜了他。几个月后，马克西米努斯·戴亚自杀了，李锡尼处决了他的家人、高级官员和与他相关的其他一切人员。

米兰谈判期间，君士坦丁和李锡尼再次表示，基督教团体应该和其他合法的宗教团体受到同等对待。根据当时对神之国度的认知，李锡尼认可了伽列里乌斯311年颁布的宽容敕令中的决议（《论迫害者之死》48，2-3）："我们授予基督徒和所有其他人自由地为自己选择宗教的权利。"李锡尼认为，所有的神都是独一种至高神性（Summa divinitas）的表现形式，"我们在自由意志的崇拜中服从他们"。

李锡尼向他所在区域的行政总督提及基督徒，这解释了授权的原因。他们谈到东部存在的问题。在那里，宽容敕令颁布后，基督徒依然遭受压迫。这项授权的内容并未超越311年的决议。

也许君士坦丁和李锡尼同意接受至高神性这个表述形式。在与马克西米努斯·戴亚的决战之前，李锡尼让他的军队向之祈祷。君士坦丁也在凯旋门上宣布，他是在神的推动下（instinctu divinitatis）战胜了马克森提乌斯。当君士坦丁身处与多纳图斯派的争端之际（见第十章之"基督教"），他写信给他的信奉异教的阿非利加行省总督（vicarius Africae），督促他进行干预。他这样做是因为他断定，即使在这里也有至高神（summus deus）的崇拜者［让－路易·迈尔（Jean-Louis Maier），《多纳图斯档案》（Le dossier du donatisme，Berlin，1987），1 No.18］。这一至高神长期以来就是君士坦丁的上帝，战胜马克森提乌斯后，祂的地位更是不容动摇并将保持下去。

315 年，君士坦丁在自己取得大胜之地罗马举行了他的执政十周年庆典。当时的宣传主要体现了两项军事胜利：战胜马克森提乌斯以及在莱茵河边境成功击退法兰克人。

战胜马克森提乌斯和马克西米努斯·戴亚之后，君士坦丁和李锡尼瓜分了帝国。但是君士坦丁想要的不止这些。他越来越明显地表现了对李锡尼的压制，这在他的头衔上有所体现，即"至尊皇帝（maximus augustus）"。此外，君士坦丁建议李锡尼恢复他岳父从前的领地。这就要求两个统治者必须各自交出一部分领土。对李锡尼来说，君士坦丁看中的恺撒人选是个问题：此人名叫巴西阿努斯（Bassianus），君士坦丁同父异母妹妹安娜斯塔西亚（Anastasia）的丈夫。通过这个方式，君士坦丁不费一兵一卒就扩张了自家领地。对此，李锡尼进行了自卫。他推倒了自己辖区内君士坦丁的雕像，二人的交锋上升为内战。

316 年 10 月 8 日在潘诺尼亚的施巴利亚（Cibalae in Pannonien，即今天克罗地亚的温科夫齐）爆发了第一次未分胜负的对抗。但这次对抗是发生在 314 年还是 316 年尚有争议，即使有关于那个年代的充分记录，也还是存在时间顺序上的模糊。我更倾向于它发生在 316 年。接着，李锡尼退守色雷斯，在菲利普波利斯（Philippopolis）附近爆发了第二次冲突；李锡尼不得不接受自己的领土缩水，撤离他在潘诺尼亚的重要驻地色米姆（Sirmium），在欧洲仅保住了东部的几个地区。

316~322 年，君士坦丁大部分时间在色尔迪卡 / 索菲亚（Serdica/Sofia）停留，据说他曾经说："色尔迪卡是我的罗马。"［《语录摘要》（*Excerpta de sententiis*）第 2 页，No.190］这可能是一个计划。考虑到他长期在那里停留，这一点并不奇怪。此时，君士坦丁无疑拥有了话事权，在色尔迪卡他也为帝国任命了新的恺撒。虽然这是西部统治者的命令，但李锡尼并未对此提出异议。君士坦丁于 317 年 3 月 1 日任命了三位共治者：李锡尼阿努斯（Licinianus）、克里斯普斯和君士坦丁二世。李锡尼阿努斯是李锡尼和君士坦提娅的第二个儿子，他被派给了李锡尼，与之共治东部。西部的两位恺撒也确定了：12 岁的克里斯普斯，君士坦丁的私生子；君士坦丁二世，不久前刚刚出生，其母为法乌斯塔。三个恺撒中的两个都和君士坦丁绑定在一起，通过观察接下来三年的执政搭档组合，我们可以看到他在这种显而易见的一致态度中很有优势。每个新任恺撒都应该和奥古斯都一起正式担任罗马国家的最高职位，按照他们的年龄，依次是克里斯普斯、李锡尼阿努斯和君士坦丁二世。由于法定奥古斯都人数只有两个，但是三个恺撒每年都需要一个执政搭档，所以有一个皇帝可以担任两次，此人就是君士坦丁。铭文证明了这一点：

318　李锡尼　第五次——克里斯普斯恺撒

319　君士坦丁　第五次——李锡尼阿努斯恺撒

320　君士坦丁　第六次——君士坦丁二世恺撒

经过第一次与李锡尼的内战，君士坦丁的实力明显增强了。

318 年，君士坦丁证明了什么可以用于宣传。他铸造了一系列钱币，用来纪念他的帝国祖先：君士坦提乌斯神，他的亲生父亲；马克西米安神，他的岳父；克劳狄神，他在 310 年被认定为"祖先"。令人感到意外的是，在这期间，所有对马克西米安的怨恨都被平息了。君士坦丁的妻子法乌斯塔对恢复她父亲的名誉十分在意，这一事实发挥了重要作用；同样，设法为克里斯普斯和君士坦丁二世的新一个统治世代找到尽可能多的重要祖先，也很重要。

表面上，君士坦丁将莱茵河边界交给了

克里斯普斯，实权实际上交给了他的将军，而他自己控制着多瑙河边界。军事冲突一次又一次发生。323 年，君士坦丁在对阵萨尔马提亚人（Sarmaten）和哥特人时也侵犯了李锡尼的领土，这并不是无意的。他一遍又一遍地宣扬他的权力主张，现在他在军事上展示了这一点。共同执政的时代就此结束。李锡尼熔掉了君士坦丁的胜利纪念币，在他的辖区内重新对基督徒施压。他们被禁止聚众集会，也不可再任命主教。也许他想会一会他在西部的对手长期支持的那群人，也许他还想将围绕亚历山大城的圣职者阿里乌斯（Arius，见第十章之"基督教"）的神学争论的结果扼杀于萌芽之中。最终，李锡尼清除了行政官僚和军中的基督徒，重新恢复对太阳神的崇拜。在色雷斯的一个部队营地中，"奉奥古斯都李锡尼及恺撒李锡尼阿努斯之命，供奉了一座神圣的太阳神像"（《拉丁铭文集选》8940）。看上去李锡尼似乎把宗教问题置于意识形态讨论的中心。

一些人认为，君士坦丁在这场战争中并未设立一个新神，而是设立了一个新的部队标

图 1 拉布兰旗

志，以此来给军队特别的激励：拉布兰旗（das Labarum）。一柄高高的镀金长矛上有一根横杆，上面挂着一面紫色、绣金线并装饰着宝石的方形旗帜。顶端的月桂冠上有一个凯乐符号；基督像取代了旧的部队标志上的鹰。拉布兰旗也被印在钱币上，正如旧的部队标志上装饰着印有皇帝肖像的圆形雕饰，它们不是被固定在杆上，就是像刚才举的例子一样，装饰在旗帜上（见图1）。拉布兰旗没有什么实用意义，而是一个胜利标志，军队被这个标志所庇佑，就如同身受上帝的庇佑，它是上帝的象征；这就是国家之希望（spes publica）。之前这个标志受到过宗教式的崇拜，被供奉在一个装饰着花冠并涂了油的特别房间内，由一支共由五十名男子组成的仪仗队看护着。

君士坦丁于324年宣布针对李锡尼的军事决议。君士坦丁最大限度调集了军队，与李锡尼开战：200艘三列桨座战船和2000艘运输船搭载了10000名水兵在比雷埃夫斯（Piraeus）整装待发，准备迎接120000名步兵和10000名骑兵。君士坦丁想彻底除掉李锡尼，他双管齐下，兵分水陆，向他的共治者发动了进攻。尽管人数占优，李锡尼仍在7月3日兵败亚德里亚堡。不久后，克里斯普斯率领君士坦丁的舰队在达达尼尔海峡（Dardanellen）边上消灭了敌人。拜占庭不再受李锡尼控制，君士坦丁围困它两个月，最终占领了它。就在此时，一个异象的出现消除了最后一些关于胜利的疑虑（左纳拉斯13，1，27-28）："在拜占庭附近，所有人都睡着了，他（君士坦丁）看到一束光照亮了他的军营。"

9月18日，君士坦丁在克里索波利斯（Chrysopolis）取得了最终胜利。在君士坦提娅的求情下，李锡尼最后一次试图保住自己的尊严，却是徒劳。李锡尼先是被流放，后来和一些高级官员一起被处决。君士坦丁任命自己的另一个儿子，君士坦提乌斯二世（Constantius II），为东部的恺撒。君士坦丁的权力意志取得了胜利，为此他已经奋斗了18年；这是一条漫长而血腥的道路。至此，君士坦丁在欧坦以阿波罗，和在米尔维安大桥战役时以基督为对象所作的关于至高神的预言全都实现了：很长一段时间内，帝国又回到了一个人手里。

第八章　独裁的时代

君士坦丁充分利用了独裁统治来巩固新的帝国内部结构。这一结构有一部分是戴克里先创立的，在君士坦丁和李锡尼共治时期又得到了推动。战胜李锡尼后，君士坦丁急于赢取东部的民心。李锡尼的反对者主要是一些基督徒，很好拉拢。经尤西比乌斯之手流传下来一封发往东部各省的信件，大体上应该是真实可信的。君士坦丁下令大赦李锡尼时代的犯人，此外更是允许被流放的人返乡，取缔强制劳动的惩罚，恢复被贬谪之人的地位，让被停服兵役的基督徒自由选择重新拾起武器或光荣退役，并赔偿财产损失。

早在 312 年，君士坦丁就宣传了他的宽松政策（clementia），并付诸实施。李锡尼时代的高级官员的接任者，最突出的一个就是李锡尼曾经的执政官尤利乌斯·尤利安努斯（Iulius Iulianus）。他的女儿嫁给了君士坦丁同父异母的弟弟尤利乌斯·君士坦提乌斯；后来的皇帝尤利安（Iulian，361~363 年在位）就是这场婚姻的结晶。

这里有必要概述一下君士坦丁统治的最后十二年。初始阶段主要是家庭内部整顿。这包括任命他 7 岁的儿子君士坦提乌斯二世为恺撒，并将他的亲生母亲海伦娜和妻子法乌斯塔纳入帝王家庭；二人在君士坦丁的感召下皈依了基督教，被授予奥古斯塔（Augusta）的荣誉头衔。君士坦丁主要为他母亲的慈善事业和教堂建设计划提供资金。这些都被理解为巩固王朝统治的措施。325 年还举办了第一次尼西亚会议，由于君士坦丁选择了基督教上帝，宗教内部争议已上升为国家事务（见第十章之"基督教"）。该年 9 月出台了一项法律，鼓励人们告发统治者身边有过不忠行为的人，并承诺给予告密者赏金。君士坦丁认为通过这种方式可以保证他一直拥有最高神性［《狄奥多西法典》（Codex Theodosianus）9，1，4］。皇帝身边存在的问题，不久后对所有人来说都不再是秘密，它们是从这时就显现出来了吗？

一年后，君士坦丁的家里上演了一出大戏，其背景不为人知。当君士坦丁出人意料地命人逮捕他的大儿子克里斯普斯的时候，他本人正在去罗马的路上，打算在那里再举办一次执政二十周年庆典。君士坦丁的妻子法乌斯塔指控他将克里斯普斯带去伊斯特拉半岛的普拉（Pola in Istrien）并在那里毒杀了他。法乌斯塔的指控语焉不详，她在继子死后也只活了几天。君士坦丁把她关在炽热的浴室中，任她窒息而亡。与此同时，一场大清洗波及了更多家庭成员和无数朋友。随后，克里斯普斯又被指控和他的继母之间有着不伦的恋情，但这并不能解释为何法乌斯塔和一大群身居高位的友人都被处死。对 19 世纪末的（男性）历史学家来说，谁是这场桃色事件的始作俑者，谁又是受害者一目了然，特别是当人们考虑到二人的年龄差异时［奥托·希克（Otto Seeck），《科学神学报》（*Zeitschrift für Wissenschaftliche Theologie*）33，1890，70］："他（克里斯普斯）几乎不再是孩子了，她（法乌斯塔），一个三十岁的女人，正处于一个危险的年龄。众所周知，年轻男子对年龄日益增长的女性来说有着特别的吸引力。"在消除政治对手时，对两性行为不端的指责是很常见的借口，无论是针对屋大维和其女儿茱莉亚，还是希特勒和罗姆。除掉很多领导人物这一行为表明，这些人密谋推翻君士坦丁，或者说在君士坦丁看来是这样。也许在他周围充斥着对戴克里先四帝共治制度的回忆，那时统治者在执政满 20 年后自愿交卸权力。人们是否明确提示过君士坦丁这一点？这段历史有可能威胁到他吗？无论如何，君士坦丁以自己的敏锐和严格对此作出了回应。从那以后，他保住了家庭中的平静。如果说这场家庭大戏为当年的庆典蒙上了阴影，那么随后在罗马发生的事情则完全破坏了节日氛围（见第一章）。

君士坦丁已经有了这样的想法，即一个像他这样的统治者需要一个相应的、"自己的"新都城；罗马发生的事情和他最终对这个帝国旧中心的放弃都坚定了他的决心。他决定兴建一座胜利之城，一个新的首都，属于他的，君士坦丁之城。330 年 5 月 11 日，君士坦丁堡落成（见第十一章）。

在战胜李锡尼后，君士坦丁没有必要再领导更大规模的战争了。帝国边境的绝大多数军事冲突由他的儿子们应对。328 年，君士坦丁二世击败了阿勒曼尼人，并和父亲在特里尔庆祝胜利。从这一年开始，多瑙河边界也可以被认为是基本上安全了。君士坦丁在康斯坦察达夫尼（Konstantiana Daphne）①附近的多瑙河上新建了一座桥——从那里有一条通往内陆的道路——以便应对多瑙河上始终会出现的棘手情况。一方面，这样可以阻挡哥特人像在李锡尼时代一样入侵；另一方面，君士坦丁为他 332 年发动的那场战争埋下了伏笔。他攻打了一直侵犯帝国领土的西哥特人、塔菲尔斯人（Taifalen）和卡

---

① 位置在今罗马尼亚的康斯坦察地区，位于多瑙河左岸，南面临近保加利亚，属阿尔杰什河（Arges）三角洲。——编者注

尔彭人（Carpen）的部队。据说他将 40000 名哥特人化为盟友。作为回报，哥特王不得不交出自己的儿子作为人质。

该事件得到了精心宣传。在钱币上，统治者被赞为"外族人的征服者"。据推测，在这样的背景下，君士坦丁将"胜利"一词作为他头衔的永久组成部分。他现在是 maximus victor ac triumphator semper Augustus——最伟大的胜利者，凯旋的统帅（和）永恒的皇帝。他的称号从 invictus（不可战胜的）变为 victor（胜利者）；这一转变值得注意，它标志着宗教观念的变化。二者原本没有重大区别，但 invictus 长期以来被用于描述神性，特别是对索尔来说，对其他神也是一样的。与此相关的记忆的消除是循序渐进的。新的头衔花了很长时间才得到广泛流传。当人们在努米底亚的拉百瑟斯（Lambaesis in der Numidia）为君士坦丁刻下铭文时，那里的人还没有完全理解这种变化："不可战胜的（invictus）、虔诚的（和）幸运的皇帝，胜利者（victor）。"（《拉丁铭文集成》8，2721 及《拉丁铭文集选》689）

几个世纪以来，在罗马，皇帝的胜利证明了他的统治能力。当然，有胜利就有牺牲者和战败者。无论是印在硬币上还是刻在铭文里，通过胜利称号，帝国的民众就可以知晓相应的胜利事件。例如，皇帝被称作 Parthicus——帕提亚帝国征服者，甚至 Parthicus maximus——至高帕提亚帝国征服者。

从戴克里先时代以来，统治者们对其胜利者身份的展示不断升级，在多次战胜同一个对手后，会将相应的数字添到相应的胜利头衔中；在多位统治者共治的时代，一个人的胜利头衔也会被其他人使用。早在 318 年，君士坦丁就有了一个相当可观的头衔名录：Ger（manicus）maximus III, Sar（maticus）max（imus）, Brit（annicus）max（imus）, Carp（icus）max（imus）, Arab（icus）max（imus）, Med（icus）max（imus）, Armen（iacus）max（imus）, Goth（icus）max（imus）；这记载了他对日耳曼人、萨尔马提亚人、不列颠人、卡尔彭人、阿拉伯人、米底人、亚美尼亚人和哥特人的胜利（《拉丁铭文集成》8，8412 及《拉丁铭文集选》696）。除了刚刚提到的对哥特人的胜利这样的具体事件，君士坦丁还被称为 ubique victor——无所不在的胜利者，或者 victor omnium gentium——所有民族的胜利者。这样的表达告诉人们，在这样的统治者的治理下，生活安全而平和。

力量和胜利也在诗歌中发挥了重要作用。和同时代所有的古典艺术一样，诗歌赞美统治者。蒲柏利乌斯·奥普塔提亚努斯·波斐利乌斯（Publilius Optatianus Porphyrius）是一位特立独行的艺术家；被皇帝放逐后，他带着自己的二十首赞美诗回去向这位统治者求助。文字上的小把戏和矫揉造作的表达使这些诗格外引人注目。这里给出的例子（见图2）不仅仅是一首藏头诗，即每句诗的首字母连起来展现皇帝的性格，同时它也是一首藏尾诗，因为尾字母连起来也能达到同样的效果；最后，相应的第14个字母也可以连起来，以表达对统治者的特别赞美。

我要歌颂帝王那主宰全世界的英勇，那著名的幸福之城罗马——世界之都，在这主宰下重奏凯歌。你，女神（缪斯），你教会了歌者！（帝国东部）被（李锡尼）嗜血的暴政撕裂和蹂躏的穹窿为分割的权力而叹息，为（意大利）奥索尼亚（Ausonien）失去的权力而哀悼。如果说有什么事人类可以相信，那就是格洛丽亚（名望女神）给一个来自罗马的名字赋予无上的荣誉，自由的人民寻求君主，他的权力（范围）让引起悲痛的、世上最大的折磨也要退避三舍。从许珀里翁（男性太阳神）赶走星辰让第一缕阳光普照的地方，从火红的太阳升起的地方，从那里，他们（东方的人民）日日祈祷，寻求你那值得尊敬的名字——（你，）最伟大的征服者，（你，）永恒祈祷中世上独一无二的光芒；他们渴望拥有你令人难忘的神性，他们想要臣服于它——说出奇迹——也向国家及其守护神臣服：你的正义如此伟大，奥古斯都！看，这么多的流血事件，所有精疲力竭的人都为此叹息。在你的保护下，全世界都欢欣鼓舞，不必（再）为战争而颤抖，不必再听从命令服务于罗慕路斯虔诚的儿子，哦，光荣的父亲。

图 2　奥普塔提亚努斯·波斐利乌斯的诗

这首长诗通过特殊形式的词语再次强调：fortissimus Imperator, clementissimus rector, Constantinus invictus——我们所认识的君士坦丁是不可战胜的，在这里，他被歌颂为最强大的帝王和最宽厚的领导者。对统治者宽容待下的呼吁成功了，君士坦丁把奥普塔提亚努斯从流亡中召回，并两次任命他为罗马行政长官。

胜利的消息不仅仅是官方证明中的一个重要话题，也不仅仅反映在诗歌里，连"骰子塔"上都有它的踪迹。这是一种使骰子自动混合的工具，玩家们在它上面始终能看到：Pictos victos, hostis deleta, ludite securi——皮克特人被打败，敌人被摧毁，（现在）安全了。立方体有六个面，人们在这样的格言中要使用六个字母，因此在将大政治转印到小硬币上的时候，偶尔的语法模糊也是可以接受的。

从内政的角度来看，在那个时代只有卡罗卡鲁斯（Calocaerus）的起义被提及。卡罗卡鲁斯是皇家骆驼繁殖的负责人（magister camelorum），他在塞浦路斯自立为帝，即"对立皇帝（Gegenkaiser）"。促使他迈出这一步的原因尚不明确，但君士坦丁很快控制住了局面。333 年 12 月 25 日，君士坦丁任命他的小儿子君士坦斯（Constans）为恺撒，再次将他的恺撒集团扩充为三人。君士坦丁的统治得以确立，这是他希望在未来建立的王朝。君士坦丁二世，最年长的恺撒，已经任职近 20 年，君士坦提乌斯二世在 334 年已经庆祝了执政十周年。通过相关人员的公开登场，这个与君士坦丁联系在一起的王朝统治变得可触可感。在统治者的肖像中，标志性的特征越来越明确，因此父亲与儿子之间的界限再也无法画出：君士坦丁的肖像因此成了整个王朝的肖像。

所以335年，君士坦丁在君士坦丁堡隆重地操办他的执政三十周年庆典，令人更愉快之处在于，十年前在罗马也是同样的景象。自奥古斯都以来（公元前27年~公元14年在位），没有一个皇帝统治这么久，君士坦丁似乎可以追平他的记录，因为他此时的年龄在48到65岁之间（见第三章关于其出生年的论述）。在君士坦丁堡，凯撒里亚的尤西比乌斯为他献上祝词（见第十四章）。

同样在335年，一项为征战波斯帝国所做的广泛的准备工作开始了。这一过程显得很模糊而非明朗，这也是古典时代历史描写的常见特征；君士坦丁的死叠加在早期进程的描述上，成了逸闻的源头（见第十四章）。正如一些作者报道的那样，一批隐藏的宝石是罗马人和波斯人交战的导火线。298年，戴克里先从波斯人那里夺走了亚美尼亚和美索不达米亚的部分地区，按照古典时代外交政策的规则，这一行为迟早会引发战争。不论是沙普尔二世（Schapur II）还是君士坦丁，双方长期以来都有所准备。

在准备波斯战争时，君士坦丁同父异母

的弟弟达尔玛提乌斯，连同他的儿子，获得了殊荣。汉尼拔里阿努斯——不要把他与君士坦丁的同父异母兄弟混淆，他们有着同样的名字——通过与君士坦丁之女君士坦提娜[Constanti(n)a]的婚姻，和王朝紧密联系在一起。335年他获得了rex regum Ponticarum gentium——本都人民国王——的称号。另一个儿子，也叫达尔玛提乌斯，成了色雷斯、马其顿和阿查亚（Achaia）的恺撒，后来在叙利亚边境组织军事行动。这些准备工作于337年春季完成。

根据作战计划，君士坦丁的军队分成两大部分。一支军队从君士坦丁堡出发，沿陆路向东。统治者自己则和舰队一起航行，沿着小亚细亚海岸到叙利亚，穿过阿斯塔克斯／伊兹米特海湾（Astakos/Izmit）到皮提亚温泉（Pythia Therma）。在这里，君士坦丁生病了，因此找了一个温暖的浴场。随着他的健康状况继续恶化，他搬到了海伦波利斯（Helenopolis）并从那里前往邻近的尼科米底亚（Nikomedien），在那里于337年圣灵降临节那天去世。

第九章　国家的秩序和重组

戴克里先和君士坦丁王朝的统治为东罗马的稳定奠定了基础，保证了超过一千年的长治久安。罗马人的帝国（Rhomäer），即拜占庭帝国，作为政治力量、组织力量和经济力量，超越了西方的所有王国。

1　宫廷

据记载，这个古典时代晚期的宫廷大约起源和形成于284~363年。在这个变迁过程中，君士坦丁的统治因其长度而造就了一个最重要的时代。自戴克里先以来，宫廷是奥古斯都和恺撒统治的中心。无论是特里尔、色尔迪卡、尼科米底亚还是君士坦丁堡，无论宫廷位于何处，它都是一个政治控制中心，一方面用来讨论和作出重要的政治决定，另一方面，这也是元老院贵族作为政治领导层出现并参与决策的地方。

尤西比乌斯详细记述了廷臣的设立，并指出君士坦丁不仅在荣耀教会方面取得了巨大成就，他也没有忽视政府的任务。作为一个慷慨和亲切的行善者，正如尤西比乌斯笔下一贯的统治者形象，君士坦丁于 330 年整顿了职级头衔的颁发，并"以不同的荣誉和尊严嘉奖他的每一位朋友"（《君士坦丁志》4，1）。教会历史学家解释了君士坦丁这种荣誉的颁发规则，并列举了基于社会意义考虑的个人荣誉：总督、元老院成员、行省长官，然后是一等、二等、三等侍从荣誉，最后是低等兵士荣誉（vir perfectissimus）①。"侍从"头衔在这里代表了一个群体的社会地位，他们的名望取决于与统治者的亲近程度。通过颁发头衔，君士坦丁重新评估了宫廷中的"职务"。对老贵族来说，这

---

① 字面意思为"最完美的人"，4 世纪末时一般授予中低级官员。——编者注

些职位也是值得追求的。

　　这一做法带来的后果是各种头衔大量涌现。comes provinciarum 管理一个行省，comes stabuli 管理皇家马厩，comes et magister officiorum 管理各个办事处，comes et quaestor sacri palatii 负责构思和表达皇帝的决定——后二者同属最高领导人身边的小圈子，为其担任顾问。

　　围绕皇帝建立的"神圣的政治委员会（sacrum consistorium）"是这个古典时代晚期帝国的控制中心。人们在这个委员会中进行讨论和谈判，最终作出决定，由统治者发布。因此，有人说，坐在这个委员会中的人是"倾听我们的决定"（《狄奥多西法典》6，22，8）或"分担皇室忧虑"的人（《狄奥多西法典》7，8，3）。

　　统治者的宫廷、权力的控制中心是神圣的，像神秘的神殿内部一样神圣，其秘密不为公众所知。这些"神圣的秘密（sacra secreta）"使宫殿成为一个密封的房间。每个研究古典时代晚期的历史学家都面临着这样的困难，即统治者不仅被真实的墙壁包围，而且还被沉默之墙所包围："无法准确了解格拉提安皇帝（Gratian）

的个人行为及其性质。因为皇宫里的事件是严格保密的，即使通过仔细调查也无法知悉任何事情。因为个人所记述的内容包含许多差异和隐瞒，被隐藏的真相就像秘密宝藏一样。"尤纳皮乌斯（Eunapius）关于格拉提安的描写 [《摘要》（Excerpta）48，尼布尔（Niebuhr），第 83 页]同样适用于君士坦丁。应该记住的是，宫廷所代表的安全地带也是巫师——人类的敌人，以及算命者、占星师和释梦者等人的禁地，因为它代表了一块神圣的区域。宫廷及其内部发生的一切都会因为这种故弄玄虚而成了猜测和流言蜚语的对象，例如一切涉及个别统治者个人信仰的事情。

根据一些古典时代晚期的作者的一致声明，戴克里先改变了宫廷典仪。他们叙述道，戴克里先第一个用朝拜（adoratio）来代替对统治者和其他达官显贵的问候（salutatio）。这种朝拜应该被理解为一种表达敬意的形式，那些被允许参加官方招待的人在皇帝面前鞠躬致敬。他向他们伸出紫色长袍的边角，他们抓住它并压在嘴唇上。

伴随戴克里先和君士坦丁的规定，皇帝终于与社会公众相分离，正式形成凌驾其上的皇帝统治。他们把使罗马统治者超越所有凡人的方面和传统都仪式化了。他们举行了一场宫廷仪式，旨在说明皇帝和他的臣仆之间的距离从根本上说是不可逾越的。在高高在上、正襟危坐的皇帝面前，连统治阶级的成员都要低头。这种距离感也表现在空间和姿势上：在觐见时，皇帝坐着，其他人都必须站立。

在拜占庭时期，这种仪式是如何升级的，我将根据 10 世纪的描述加以阐释。安放王座的房间完全变成了舞台，一切都在按照歌剧效果来布置。墙壁上装饰着壁毯和华服、月桂和鲜花，地板上铺满了常春藤、迷迭香和其他花朵。在国王的宝座前立着一棵铜制镀金的树，装饰着宝石和紫红色的饰物，树枝上坐着各种各样的人造鸟，能够模仿活鸟唱歌。宝座的守护者是狮子，它们是由金属或木材制成并同样贴上金。

当人们接近皇帝，第一次在他面前伏在地上时，管风琴开始奏乐。人造树上的人造鸟叽叽喳喳，狮子的尾巴拍打着地面，狮口大张，舌头甩动，发出咆哮声。第二次跪拜使嘈杂的环境乍然安静。在此期间，皇帝沉默地高坐在显眼的宝座之上。在宝座前紧接着开始了第三次跪拜。"当我第三次跪倒并抬起头时，我看到了皇帝，从前我看见过他坐在一个中等高度的座位上，如今他的头几乎要碰到天花板，所着衣饰也不同于以往。"奥托一世的公使利乌特普兰德（Liudprand）在 10 世纪时如此描绘这一觐见场景 [《针锋相对》（Antapodosis）6，5]。

华美和铺张是政治统治的有效工具，而不仅仅是以肤浅的方式留下深刻印象的外在手段。应该强调的是，对古典时代的人们来说，仪式从来不是真实的对立面，而是在新的、更高的层次上表达现实：统治者是中心，是静止的顶点；他从不起身，永远坐得比臣民高，几乎从不点头致意。即使在相信一个想法的正确性的前提下，这种强势、坚定的姿态也是强硬得出奇的。

然而，这个仪式中存在一些微妙的差异。接近皇帝的次序反映了觐见人员的等级。这些人被允许面圣的次序划定了他们应属的层级。只有跨区域的领导层的成员才被允许参加上述觐见，更准确地说，对他们的许可代表了一种资格，即在等级分明的圣职系统中属于领导层的资格——这种形式与授圣职的仪式很类似。此外，许多时候，当一段职业生涯或服役期圆满结束时，它也在这个朝拜仪式中达到庄严的高潮。与任何其他过程不一样，对神圣紫色的崇拜制造了对君主的依赖，是整个体系的基石。

就像"朝拜（adoratio）"这个术语一样，整个仪式以及描绘它的术语都是神圣的。[①] 自帝国时代开始以来，一些统治者已经达到接近神的地步。这包括将已故的所谓的贤帝列入众神之位，还有官方的皇帝崇拜。早在君士坦丁之前，"最神圣的皇帝"的宫殿就已成为"圣殿"，他的房子是"最神圣的宫殿"。"神圣的随员"是一个和移动的权力中心相关的术语，它指代的人员随着皇帝在帝国内周游。与统治者有关的一切，甚至是平凡的东西，在官方文件中都显示为"神圣"，如 sacra moneta，即"神圣的造币厂"。宗教祭祀术语 sacer 与统治者的宗教合法性有关，无论他们自视为神，还是直接从神灵处获取权力。

***

① adoratio 的词源 adorare 意为恳求、吁请，尤其有向神呼求之意，故被认为含有神圣的意味。——编者注

但是自戴克里先和君士坦丁以来，神圣的礼拜仪式在宫殿的深处举行，就像在圣所的中心一般，只有一位祭司能进入，气氛虔诚而肃穆：这就是朝拜。我要引用一条4世纪的法律（《狄奥多西法典》1，15，8）来说明这种情况：皇帝对他的官员的命令就像神圣的法令，从这至高无上的神圣中渗透到外部世界去；他们若不尊重皇帝，便是亵渎神灵。自古代近东时代（altorientalische Zeit）①以来通行的在皇帝面前的仪式性沉默也属于宗教领域。任何以这种方式接触过"上帝"的人都受到袥的特殊保护，也可以享受有形的物质利益。宗教仪式的隔离以及随之而来的统治者在宗教上地位的拔高的最重要的影响在于，无论是在帝国统治阶层还是在联系最紧密的家庭成员之间，平等的观念都不复存在。所有形式的典礼都意图让人们顺从。

这种宗教性的形式语言并不适用于"作为个人的皇帝"，而是适用于"那位身为皇帝的个人"。

---

① 这是一个笼统的时间概念，泛指公元前4千年后期楔形文字出现以来到大约公元前1世纪，美索不达米亚、古埃及、古伊朗、小亚细亚、黎凡特、塞浦路斯、阿拉伯半岛等地早期文明起源和发展的时期。——编者注

这种形式最终战胜了内容。在帝国时代不可想象的事情现在也发生了：317年，罗马帝国被一个婴儿形象所代表，他就是那位刚出生没几天的君士坦丁二世。在形式上，是谁穿着紫袍接受人们觐见时的亲吻无关紧要。备受重视的是对帝国权力象征的尊崇，作为个体的人类则退到了幕后。

崇拜的重点是形式化的帝国，绝对的君主制通过仪式和王权标志得到清楚的展现。君主制图景所展现的被信仰的统治者和帝国的形象无法进一步提升了。皇帝的统治形象矗立在中心，他以人的形象上升到神域中——既是比喻的，也是真实的。在面对统治者时，所有仪式，所有动作和姿势，所有不同的服饰和徽章都在表达统治者的优越和其他人的卑微。皇帝越是表现得无个性，或者干脆不要有任何表现，他越是从全人类中脱离出来，他就是一个圣洁、永恒的人，让自己和他的国家充满象征意味。和任何宫廷生活一样，形式和内容已融为一体。

2 国家

戴克里先弥合了共和国出身的政务官和帝

国办公机构之间的裂缝，并创建了一个新的、军事化的帝国政府，这是一个层级分明的结构，完全以统治者为中心，所有人只对他负责。皇帝是国家的最高长官，他手中握着军民两界的无上权力。他是最高军事指挥官和首席法官，有权颁布法律和征税令。一定程度上，君位的继任者恺撒也获得了类似的权力。

戴克里先开始了民事和军事管理的分离，君士坦丁则完成了这个过程。戴克里先的理念是，通过给他的共治者分配帝国领土，设立由主事（Vikare）领导的行政区（Diözesen）作为宫廷与各行省之间新的领土组织形式，来实现领土管理权的下放。自帝国时代以来各行省之间的分裂在此时加快了脚步。如果说在戴克里先时期之前有大约 50 个行省，那么由于 4 世纪初的行政改革，这一数字就翻了一番；各地政府机构的扩展和重组相应跟上，提高了行政管理的效率。

我想在此总结君士坦丁的所有改革，尽管它们自 312 年以来已经持续了很长时间；与此相关的年代顺序上的模糊往往反映我们对此认知不足。在此过程中，我把注意力集中在禁卫军长官（Prätorianerpräfektur）职能的变化上，因为这个职位体现了古典时代晚期的执政理念。

在接管了西部的统治之后，君士坦丁立即于312年着手剥夺禁卫军的军事权力，并将其限制在民政管理任务中，特别是定期税收（annona）和司法判决领域。李锡尼在他的辖区延续了这些改革——在人们的普遍印象中，这两位统治者长期以来在治理上相互协调。君士坦丁在原先具有骑士精神的禁卫军职位基础上创建了一个元老院职位。禁卫军的直接军事权，例如对军队的指挥和管辖权，被皇帝转移到最高军事指挥官（Heermeister，即 magister militum）头上，这一职位正是他新创建的。

君士坦丁在新的行省里实行军民分离。与帝国时代不同，各位行政长官不再负责辩护，而只负责司法判决和财务管理。这应该使管理变得更有效率。通过在很大程度上解除军事任务并将其转移到特别官员身上，漫长的军队转型过程结束了，最终实现了前线士兵、机动精英部队和宫廷卫队的分治。

评估这项改革的价值很困难。古典时代历

史学家在评价的时候，很难做到不失偏颇。关于君士坦丁本人的评价很快引起了激烈的讨论。佐西姆斯，君士坦丁的激烈批评者，对这项措施发表了意见（2，33，4）："我想立即解释上述命令在战争与和平时期带来了什么样的伤害：因为（以前的）禁卫军长官一方面通过其部下来征税，并将这些收入用于供养军队，但另一方面又让士兵拥有权力并让他们对自己的罪行负责，士兵们就有理由相信，倘若犯下罪过，能保障他们生计的人同样有能力追究他们的责任，所以他们不敢渎职，因为害怕被夺走生存所必需的物资，害怕立即受到惩罚。"在这位古典时代晚期的历史学家眼里，禁卫军长官负责保障生计，最高军事指挥官负责纪律，这两个领域的分离将导致军队的衰弱。不过，我怀疑他在这里是出于纯粹的恶意而进行诽谤。

现代的思考和佐西姆斯的观点相反，例如：君士坦丁需要新人来支撑新组建的帝国政府，因为过去已经表明，坚持政治家的旧理想越来越难了，留住具有杰出的军事能力、必需的法律知识以及丰富的税收经验的元老也越来越难了。最后，君士坦丁选择了两类专家：一类是受过军事训练的专家，另一类是行政专家。我想再次通过大行政区的变化来阐明这个具有现代意义的想法。禁卫军长官管理着一个有限的行政区域，拥有自己的组织，与中央政府分开。他的职权包括税收、上诉管辖权和对民事领土管理进行监督；在这个权限范围内，长官与宫廷之间存在行政关系，但其本身已不再属于宫廷。对我们来说，这样的管辖权调整似乎符合当局和民众的利益。然而，我不确定古典时代晚期的人们是否有同样的感觉，因为许多人像佐西姆斯一样以行政管理为出发点进行思考：在这样的体系下，所有职责都把控在一只手中。

和大行政区整顿相配套，君士坦丁也改革了税收政策。虽然新税收政策借鉴了以前不同的税收制度，但是君士坦丁在此基础上建立了统一的标准。古典时代晚期的人口普查可以追溯到戴克里先时期。和他之前的统治者一样，戴克里先进行了全国范围的人口普查和土地测量。已创建的人口登记册和税卷每5年审查和更新一次，自312年起间隔改为15年。

罗马帝国税收的主要来源是每年的地产税和耕作税（annona）[1]，涉及每一个土地所有者和全部农村人口。罗马和君士坦丁堡的城市公民被排除在外。在 4 世纪，税收类型主要是自然税（Naturalsteuer）[2]，其计算取决于税收单位；一个税收单位可以被理解为一块由一个人耕种的土地。进一步的计算是基于农田、劳动力和力畜的总和，每个妇女被算作半个劳动力。作为年度耕作税的特别附加费，由君士坦丁引入的元老的财产税也被计算在内，这一部分以现金结算。同样重要的还有君士坦丁提出的周年税（Jubiläumssteuer），这种税每五年支付一次，此外，每有新帝登基和各种执政纪念日时也要计算一次，并且必须用黄金或其他贵金属结算。当有四到五个统治者的时候——包括恺撒，就经常有这样的纪念日。所有商贩、将农产品拿到城市兜售的农民，以及登记在册的妓女都要纳税。

新系统的特点是简单，它使国家第一次发

---

[1] 或称作粮食税、公粮税、土地税等，在 3 世纪后普遍以实物缴纳。——编者注

[2] 指以粮食、肉、蔬菜等农产品实物形式缴纳的税。——编者注

布了类似于现代财政预算的年度税收声明；军队和行政管理的需求带来了计算税收的要求。君士坦丁不仅引入了新的税种，而且他还立即检查了税额的估定，并通过引入金币（solidus，4.55 克）来调整货币制度。在宫廷中，他为财政管理部门设立了两个新职位。然而，最重要的是，他为每个禁卫军长官分配了一个独立的、界限分明的行政区域。一段时间内帝国分为五个大行政区，之后这个大行政区的数目在三个到四个之间波动，在 4 世纪末划分为四个。

每个大行政区都有一个执政长官①作为最高行政机构，拥有自己的司法权和自己的税务机关。在许多方面，他们是有最终决定权的法官；不过，也总是存在直接向皇帝请愿的可能性。整个组织结构呈金字塔形：大行政区里又划分出三到五个行政区（Diözesen），每个行政区都有一个主事（Vikar）。在行政区之下，共有超过 100 个由行政长官（Statthalter）领导的行省，行政长官独有民事权力。整个帝国的 1500 多个城市构成了国家管理的基础，城市议员负责将

①　即禁卫军长官。——编者注

税负分配到纳税人头上并处理其他各种事务。

君士坦丁命令行省的行政长官每6个月向大行政区的禁卫军长官书面汇报一次公务完成的情况，特别是关于司法审判的部分。之后，这些报告将被提交给宫廷中皇帝身边的办事机构。由于当时交通条件有限、人员数量不足，不可能进行实时管控，因此人们通过这条汇报链建立了事后审核机制。

君士坦丁进一步发展了戴克里先的权力下放理念：他将职权转让给地区执政官，但没有放弃自己对大小事务的责任。通过这种方式，一个可以立即生效的、关于君主政体的想法被带入了统治者可以接受的联结中。

按尤西比乌斯所说，君士坦丁在324年之后有意识地将基督徒置于最高的地位；不过我们无法通过可靠的文献证明这一点。一份同样在那个时候颁布的，特别将高级官员涵盖在内的献祭禁令揭露了真实的情况。在短时间内建立起由基督徒主导的管理机构是不可能的，因为当时没有足够多符合资质标准的基督徒可在行政体制内担任职务。

君士坦丁的大部分政策后来遭到了批评，但并非所有批评都来自异教作者。最重要的是，统治者的财政政策遭到了高度一致的谴责。甚至尤西比乌斯也不得不承认，君士坦丁在财务上的慷慨使他的下属失去了判断力。在异教徒阿米阿努斯·马尔切利努斯（Ammianus Marcellinus）的例子中有一个著名的说法（16，8，12）："君士坦丁是第一个撑大他周围人胃口的人，而（他的儿子）君士坦提乌斯二世用民脂民膏来喂饱这些人。"

同时代人记载了君士坦丁立法涉及的巨大范围："他通过了许多法律，其中一些是好的和公正的，一些是多余的，一些是严苛的。"［欧特罗皮乌斯（Eutrop）10，8］人们一直尝试在君士坦丁的立法中发现基督教的影响，在我看来这样做很大程度上是徒劳的。例如，奥勒留斯·维克多（Aurelius Victor）提到，他宣布废除钉十字架的死刑判决（41，4），可寥寥几行之后又写到了他将卡罗卡鲁斯残忍杀害。此外，钉十字架的死刑后来在法律文本中明确地流传了下去。此外还提到了禁止在马戏团的动物和被判定服苦役的人脸上打烙印；相反，这烙印被打在手臂和腿上。也正是同一位皇帝让战争中俘虏的法兰克国王被马戏团里的猛兽撕成碎片，或者下令执行"袋中死刑"，即把被判死刑的人活活地缝进一个袋子里并投入河中。在 19 世纪和 20 世纪，人们期望从君士坦丁身上找到一些连在之后的漫长的基督教时代都无法实现的东西。

第十章　宗教崇拜的秩序与新秩序

在帝制下，宗教政策向来旨在建立一种统一的宗教崇拜，因为这会增进国家的团结与福祉。君士坦丁极力推进的正是这样的政策；我们今天仍能看到他当时颁布的官方文件，其中有大量的相关证据。君士坦丁从一开始就很清楚，他需要想方设法保证基督教内部不会出现争端。因为我们可以看到他在书信中一再发自肺腑地，甚至越发绝望地强调，恰当、祥和的宗教信仰会给国家带来福祉，反之就会触怒上帝。

君士坦丁的宗教政策的另一个基础在于，统一地敬拜上帝可以保证国家的福祉；为此，人们就要遵从上帝的"律法"。这位皇帝一再以不同的方式重复这一主题。在一封关于神职人员的优先地位的信中，他解释道，为了国家的福祉，神父应当不受阻碍地侍奉他们的"律法"。没过多久，他扬言要亲自去一趟非洲，去见证公义，惩罚那些顽固不化、神经错乱的人，因为这些人是"律法"的敌人，正是他们破坏了这个国家所必需的、真正的宗教中的祥和。独揽大权之后，君士坦丁更加强化这些连珠炮式的论证。其中包含之前提到的一成不变的逻辑：敬畏"律法"为国家带来和平与福祉，轻视"律法"则招致分裂和战争。

不过，君士坦丁未曾在任何地方明确地定义过，"律法"到底是什么。这会给人一种印象，即君士坦丁真正关心的似乎是通过遵从、敬畏律法所能达到的目的，也就是统一和秩序。由此，我们看到了罗马宗教中一个经常出现并引起注意的现象。宗教和崇拜都是机械的和形式层面上的，与我们所理解的"信仰"不是一回事。最重要的是形式上的统一，然后，各人可以依据自己的喜好，往"律法"这个概念里填充内容物。敦促人们遵从上帝的律法，这一直是秩序的要求；上帝的律法与尘世的律法在这里有着相同的作用，不过君士坦丁首先会诉诸那个站在"律法"身后的权威：最高的神。在君士坦丁这里，我们甚至可以看到，他对律法的偏爱最终甚至会作用到立法过程，其影响之深远让许多古典时代的历史学家惊诧不已。君士坦丁相信，这个世界是可以被规范的，在他的世界观中，宗教必须也是可以加以规范的。

1 异教

在古典时代，人们对预知未来和通灵几乎有着源源不断的需求。预言家们以不同的名义道出真理和预告未来，他们或是观察星象，或是查看动物内脏和分析飞鸟的轨迹，或是使用魔法，或是解梦；他们中的一些被称作先知，一些被称作哲人，又有一些被通称为"圣者"。他们从天体的位置和黄道十二宫构建出星象，推断出性格、命运、死亡日期、死亡方式以及诸如此类的情况。但这种"魔法"并不是一种能加以定义的知识或行为，这门学问很快就成了一种欺骗性的技艺。因此，世俗文学和宗教文学中经常会探讨，研究星象或者做类似的其他事情是否有意义，是否真能达到目的，这种行为会否太过狂妄自大而违背了神的意志。自从戴克里先出于私人的考虑，试图解读神的意志，相关法令就予以颁布，对这门技艺进行规范。君士坦丁颁布的法律也一样，他明令禁止私人用牲畜祭品进行占卜；但若像那些基督教狂热分子一样，认为这种禁止是在镇压异教，就是误解了。

公元 319 年，两项内容相似的法律条例（《狄奥多西法典》9，16，1 和 9，16，2）禁止在私人家里用牲畜祭品占卜。据此，私人占卜被禁止，因为其中经常涉及对政治的预测，而这很容易针对统治者。当时，君士坦丁与李锡尼关系的紧张进一步激化，已经有了战争的苗头，因此这一禁令也就可以理解了。公元 320 年，罗马露天剧场遭到雷击，君士坦丁在遥远的色尔迪卡亲自主持牲畜祭品占卜仪式（haruspices）询问这个事件，还向在场的祭司询问了类似事件，并把结果写成了详细的报告。在报告中，他明确指出，人人都可以向占卜师请教，但前提是，只能在公开场合这样做（《狄奥多西法典》16，10，1）。在这种大趋势下，君士坦丁还禁止了那些伤害他人的魔法和催情魔法，也明确说明那些有益健康的魔法，或者有助于庄稼收成的魔法都不在禁止之列（《狄奥多西法典》9，16，3）。

君士坦丁并不认为参与这些古老的崇拜仪式有什么问题。从他的一些法令中就能看出来，这些异教神职人员完全独立自主，他们长久以来所拥有的特权得到了承认；这些法令恰恰是君士坦丁在位的最后几年里颁布的，那时，基督教官员们正利用自己的压倒性权力优势反对那些一盘散沙的异教崇拜。

尤西比乌斯在他的《君士坦丁志》中引述了统治者关于禁止多神崇拜与异教献祭的法条（2，45，1）；值得注意的是，他没有逐字征引。从基督教的角度来看，这一规定具有重大意义，因此，他没有完整引述，还是很奇怪的。他认为，这条法令是在公元324年秋天颁布的，之后，这位主教没有再提到过它。后来，生于314年的利巴尼乌斯虽然说君士坦丁为了建设新的都城而没收了神庙的财产，但他也明确而笃定地说，神庙中继续举行着献祭仪式（《演讲集》（Rede）30，37；见本书第十三章）。尤西比乌斯逐字记录的君士坦丁324年年底颁布的《下达东部各省》（Schreiben an die östlichen Provinzen）恰恰与这位主教之前提到的法令完全相反。君士坦丁在宗教上的倾向毋庸置疑，他支持基督教，别的宗教崇拜在他眼里都是迷信；同样确定无疑的是，他力求各方能够和平共处（尤西比乌斯《君士坦丁志》2，56）："那些迷途的人应当和虔诚的人一样，快乐地享有同样的和平、同样的安宁……那些想要脱离（基督教）的人，也可以根据自己的意愿，拥有他们那欺蒙世人的庙宇。"君士坦丁想要取悦基督徒，他毫不犹豫地赞扬他们，但他也告诫他们要宽容。这不是没有理由的。在《下达东部各省》中有多个类似的段落，包括结尾部分的告诫："不允许用自己所相信的事情去伤害别人。"君士坦丁保留了神庙、宗教崇拜和献祭仪式。

如果尤西比乌斯提到的那个反对异教的法条属实，而不是这位主教的有悖史实的一家之言，那么，我们就不能置之不理，而它和利巴尼乌斯的记述之间的矛盾或许可以从另一个角度得到消解。克里索波利斯之战后，宗教政策发生了如下转向：君士坦丁周围是一群"鹰派"，他们想要迅速彻底地推行基督教，想要报复那些曾经迫害他们的人。打败李锡尼之后，被胜利冲昏头脑的他们出台了一项反对异教献祭的法律，也就是尤西比乌斯提到的 324 年秋天颁布的那条法令。然后他们看不到，或者不愿看到这个事实，即如今的做法与二十年前戴克里先和伽列里乌斯迫害基督徒的政策如出一辙。在寄给亚历山大主教 ① 和阿里乌斯的信中（见本章之"基督教"），我们同样可以看出君士坦丁身边这群身在西方的政治顾问多么缺乏政治敏锐性，他们对亚历山大城教会的分裂程度一无所知，而这一分裂很快就波及整个东部。

之后，君士坦丁本人意识到了东部的情况，上面提到的态度和做法很快得到了修正。君士坦丁重拾自 312 年以来实行的对异教的宽容政

---

① 亚历山大城的亚历山大一世，313~327 年任亚历山大主教。——编者注

策，并在《下达东部各省》中明确地作出表述。他想再次努力扼制他本人在推行基督教过程中释放出来的恶魔；在准备尼西亚会议时（见本章之"基督教"），关于阿里乌派的讨论也进一步影响了他的宗教政策。

这位皇帝自认为是基督徒，在他执政期间，传统的异教元素还保留了很长一段时间。君主崇拜也保留了下来。到了 4 世纪 30 年代，君士坦丁还批准意大利城市斯佩洛（Hispellum/Spello）为他全家人建了一座庙。他在批准书中还附了一条命令："这座供奉着我们名字的庙，不得以堕落的方式染上任何迷信的假象。"（《拉丁铭文集成》11，5265 及《拉丁铭文集选》705）我不确定，这里"迷信的假象"指的是不是异教献祭。那些主持君主崇拜仪式的祭司们一如既往地在各个城市里活动。

君士坦丁本人是大祭司（pontifex maximus）[①]，也是罗马境内全体教士的代表。在君士坦丁堡，

[①] 古罗马祭司团中的最高阶祭司，在罗马共和国时期是尤为重要的宗教职位，后被奥古斯都纳入皇帝头衔而具有鲜明的政治色彩，此后该职常由罗马皇帝兼任，后该词发展为指罗马教宗。——编者注

人们建了一根柱子，以他的名字命名，柱顶是他的雕像；在人们心目中，他的地位有如太阳神。许多像这样的因素都说明，君士坦丁皈依基督教只是更换了神祇的身份，他并没有完全摒弃之前对神的观点，也没有非常关心基督教教义。

2　基督教

君士坦丁和李锡尼在米兰会晤时签订的协议清楚地解释了，承认基督教的合法地位事关"一个时代的安宁"（《论迫害者之死》48，6），但很快事实就证明，这种安宁只是昙花一现。君士坦丁让至高神性以新的方式呈现在人们面前，这个做法把皇帝本人和整个国家都卷入了前所未有的冲突；因为，从这时候开始，基督教内部的冲突引发了政治上的分歧，而根据人们历来对国家和对皇帝身份的理解，统治者有责任推行一种统一的宗教信仰。对君士坦丁来说，这种内部冲突是一种新情况，他仍然寄希望于和平解决。他必须很快认识到，无论是他皇帝的权柄，还是法院的判决，无论是威逼，还是利诱，都不能如他所愿地实现宗教统一。

在迫害基督徒的时代，基督徒总是因为顺应了国家的要求才能免于灾难，在主教的管辖下，这种完全可以理解的行为依然没变。北非主教阿普腾加的菲力（Felix von Aptungi）受到怀疑，有人指控他把《圣经》交给了政府。一群基督徒对此提出抗议，他们认为这是背叛信仰，指责他是叛徒（traditores）——这个词的字面意义正是那些"把东西交给别人"的人。因为当时基督徒普遍认为，圣餐能否有救赎意义，取决于施予的人是否得到了上帝的恩典，因此，他们认为，一个叛徒施予的圣餐是无效的。但在北非教会中存在一个更强大的团体，他们不想把圣餐是否有效与施予者是否有罪挂上钩，因而他们承认这种圣餐的有效性。整体来看，这种神学观念的分歧很快就混入了各种私人恩怨与政治野心的因素，变成了一个奇怪的混合物。在迦太基上流社会的一位女士那里，私人恩怨就扮演了重要的角色：她有个怪癖，在领圣餐之前会亲吻一位殉道者的遗骨，而且显然只有她一个人敬拜这位殉道者。神父塞西里安

（Caecilianus）批评她，却因此给自己树了敌。后来，塞西里安被选为大主教时，这位女士家里聚集了一批反对他的人。在北非，把追逐权力与追随真正信仰结合起来的人，当数塞西里安和多纳图。塞西里安的反对者指责说，叛徒菲力参与了他的祝圣礼，因此，这次祝圣无效。他们还指责说，北非的主教会议已经宣布罢免了塞西里安。因此，塞西里安的反对者认为，他们有权重新选举，这次他们选出了马尤里（Maiorinus）。这样，迦太基教会就有两个大主教，因为塞西里安认为自己的祝圣是有效的，于是对罢免置之不理。马尤里没多久就去世了，接替他的是多纳图，多纳图是个不惜一切代价贯彻自己想法的人，塞西里安的反对者有了自己的代表。

大约公元 313 年 4 月，君士坦丁指示阿非利加的行政区主事，让他在经济上支持那些信奉正统基督教的教士，对他来说也就是非多纳图派的教士们，并由此介入了这场纷争。为何君士坦丁支持塞西里安，这一点尚不清楚；有可能他先收到了这一派的相关报告，或者他支持教会中的多数派。他努力避免基督教会出现分裂，因为他遵循的原则是延续至今的一种传统思路：忽略宗教会为国家招来凶险，而关心宗教会带来福音。

君士坦丁决定支持所谓正统宗教，反对多纳图派，这也暴露了基督教中的一个固有的问题。基督教从来不是一个统一的宗教，总是会有不同的团体分裂出去，这些团体会被多数派认定为教会分裂者和异端分子。基督教不是一种单个的宗教崇拜，其内部有很多种崇拜形式。当君士坦丁进入这样一个宗教的混同体，他就立刻遇到了这样一个问题，无论做什么，都必须在教派之间站队。这样，他就偏离了之前提到的原则，也就是，管理宗教应当服务于国家的福祉。在基督教中有正确的，也有错误的崇拜形式或教派，通常，多数派会自认为"真正的"基督教。公元313年，君士坦丁就已经了解到这些。在多年镇压、迫害多纳图派之后，公元321年，这位皇帝放弃了与基督教中的多数派求同的企图，宣布对在北非广泛传播的多纳图派采取宽容政策。

公元313年，君士坦丁开始支持基督教。

他的措施和法令的一部分目的在于，从伽列里乌斯的宽容敕令总结经验，让基督教与那些长期以来受到官方认可的其他宗教相适应。比如说，避难权，以前适用于庙宇，如今也适用于基督教堂。315年，基督崇拜不用再缴纳贡品和年贡（annona，见第九章之"国家"），一年之后，君士坦丁允许在严格的管控之下，经由主教的批准释放奴隶，这是相当慷慨的举措；以前只有城市和国家的政府部门可以批准释放奴隶。从318年开始，国家认可主教法庭在民事案件中作出的判决，即使涉案双方中只有一方是基督徒。由此，君士坦丁承认了在基督教内部的法律判决也适用于公共领域和民事领域。在这一规范下，司法实践中，宗教司法机构的权限与世俗法官等同。自此之后，罗马大主教管理手下的教士时，就得以凭借这一司法地位让教士之间的争端从世俗法院中脱离了出来。从321年开始，基督教会也被允许接受遗产。

319年，基督教会神职人员也可以像在其他宗教中常见的那样免于承担所有对国家和城市的义务。这一举措给帝国的管理带来了影响，因为罗马帝国的管理是以城市的管理为基础的，公务人员主要负责及时按固定税率征税，保证城市人民的生活等。对一些人来说，这曾是、也一直是一种荣誉；但是履行城市义务有时会给一些人带来巨大的经济负担，长久以来，就有人试图逃避这一负担（munera），有为自己，也有为整个行业或者阶层——比如退伍老兵——争取豁免权的。如今，教士阶层也可以享受这种豁免权，之后的几年里又有一项法律出台，禁止城市公职人员的后代以及那些根据其财产状态有能力履行公共义务的人当教士，以防豁免权被滥用。只有那些既没有财产，也没有城市公职义务的人，才能接替那些去世的教士的工作。这样，对那些生活优渥的市民来说，他们通向教士的大门被关上了。公元 326 年出台了一项法律，和该领域内其他法律一样，它又对此作了进一步规定，这肯定是因为成为教士、免除义务这条路对很多人来说还是很有吸引力的，因此屡禁不止。

其他一些规定并不是为了平等。318 年，信奉基督教的公职人员和士兵不需要履行劳役，而在各种官方政策的规定下，其他所有公民仍要履行。

321 年出台了两部关于休息日的法律；其中涉及星期日，德语中的星期日（Sonntag）就是从拉丁语 dies Solis 按字面意思翻译过来的。在帝国时代，"星期"的观念在罗马人中流行起来，公元 3 世纪时得以贯彻执行。一周的七天是用七个众人皆知、肉眼可辨的天体来命名的：土星（Saturn）、太阳（Sol）、月亮（Luna）、火星（Mars）、水星（Mercur）、木星（Jupiter）和金星（Venus）。在罗马世界里，星期六被从七天中单独挑出来，因为星期六是土星日，土星被认为是灾星，因此这一天被定为休息日，不处理重要事务，条件允许的话，人们会在这一天沐浴加餐。随着太阳神作为中心神的观念广泛传播（见第十三章），星期日也逐渐取代星期六成为休息日。

这一过程的推进首先要归功于君士坦丁相应的立法活动。"城市中所有法官和市民……要在神圣的星期日休息，当然，住在农村的人仍然可以在星期日自由且不受干扰地从事农业劳动。"[《查士丁尼法典》(*Codex Iustinianus*) 3,12,2(第二版中为第3条)] 在君士坦丁依然允许释放奴隶时,法律判决仍然可以在休息日执行。与尤西比乌斯的看法不同,其实这一法条不涉及基督教元素。不过很快,敬拜太阳神的休息日就从基督教的角度获得了新的阐释,这从语言的流变中可见一斑:在公元4世纪时,星期日的拉丁语从 dies Solis(太阳的日子)演变成 dies dominicus(主的日子)。最终,在基督教中有了这样一个信念,即基督是在犹太人的安息日(Sabbath)之后,也就是在星期日复活的。

在尤西比乌斯的描述中,关于星期日的法律条例是有一系列措施支持的,它们清楚地显示,君士坦丁有在他自己的宫廷和军队里贯彻实施星期日规定的可行性。这里说的不是一般的工作休息或者服兵役期间的休假。星期日只是为大家提供了共同祈祷敬拜的机会;此外,信奉基督教的军人在礼拜日可以免除军队里的义务,从这个规定中我们也可以看出君士坦丁传统的思维方式。一方面,军队义务的中断不会被归咎于公共节日,与军纪相关的事务也不会受到公共节日的影响。另一方面，对于一些由不可替代的宗教仪式上的义务和家庭节日带来的延误，比如延误了军队的召集，军队方面一直都予以理解和尊重。

据潘诺尼亚的一处铭文（《拉丁铭文集成》3，4121）所述，君士坦丁准许在星期日开设商业集市，说明他尊重已有的习俗："统治者弗拉维·瓦莱里乌斯·君士坦丁（Flavius Valerius Constatinus，君士坦丁一世的全名），虔诚的、得到赐福的君主，最伟大的皇帝，过去，亚瑟地区（Iaser）的水道在火灾中被毁，他加了大门和许多建筑装饰，把水道修建得焕然一新，又由于他天定的虔诚，在一整年中，他都允许在星期天开市。"

325 年在尼西亚召开了所谓的第一次大公会议，其中涉及的许多议题都可以归入"建立统一的宗教"这一门类。其中尤其讨论了亚历山大地区的长老阿里乌斯的神学观点，讨论了阿里乌派，在此后几个世纪，阿里乌派以不同的形式对国家和教会产生或多或少的影响。其他议题包括确定一个统一的复活节日期，以及规范主教的等级秩序等。

关于阿里乌斯的讨论涉及一个关键但又很艰深的神学问题：早期教会已经明确了对上帝（圣父、造物主）与圣子（道，同时也是道成肉身而完成了救赎的耶稣）以及圣灵（全体信徒的劝诫和引导）的信仰；他们不假思索地把这个信仰传递下去。随着东方那些受过教育的人接受这个新的宗教，古希腊思想遗产就逐渐融合进来，尤其是历史悠久、类别多样、形式丰富的古希腊哲学。面对父辈不加反思就接受的信仰，如今，为了能更实在地掌握，需要对它进行拆解、检验。

首先是柏拉图（公元前 427~ 前 347 年）的思想。在公元 2 世纪，柏拉图思想又获得了新生，它影响了一些基督教神学家，因为除了希腊哲学以外，他们想不到还有什么别的科学的思考方式。对柏拉图的推崇在 3 世纪还与日俱增。值得一提的是普罗提诺（Plotin，205~270），他重新建构了柏拉图主义，以及俄利根（Origenes，182~254），他第一个在教会信仰的内容中加入哲学思想，尤其是柏拉图的思想，在信仰中掺入了理念学说（Ideenlehre），并且为了适应时代精神进行了调整。他由此对东部教会产生了极大的神学影响，他的思想和概念成了早期基督教（Alte Kirche）中许多学说观念和学说论争的出发点与依据。

从公元 2 世纪开始的这场激烈分歧涉及的问题无非是上帝的本质，圣父与圣子的关系以及救赎的可能。只要人们对基督教信仰加以思索，这些实际上是最根本的问题。这些问题涉及个人以及作为整体的人类的救赎，正因此，这一神学论争对每个信徒来说都很重要，也就可以理解，为什么所有人都如此热衷于走上唯一真正的救赎之路并为之斗争。我们今天很容易把这一斗争看作纯粹关于词语和概念的论争而对它不屑一顾，但在那个时代，它却触及了基督教的核心。

在俄利根看来，上帝绝对、永恒、超越时间、超越肉体、无法被认知，是所有存在（Sein）和所有流变（Werden）的原初起因。圣子来自上帝，它不是被创造的，而是自上帝中诞生，是神圣的存在，但他的地位在圣父之下，是第二位的神，是上帝与尘世之间的中保

（Mittler）。圣灵来自圣子，是神性的第三次序。三位一体，共同构成无形的神。对于另外两个与此相关的根本问题，俄利根的观点也富有启发，并且确定了神学思维的方向：在圣子身上，神性与人性是什么关系，它们是如何联系起来的——圣子是不是一个单独的个体，就像人一样？以及：什么是上帝的子民，从他们的本性中，救赎如何成为可能？

公元 4 世纪时，阿里乌斯继承了俄利根，理性而简洁地区分了圣父和圣子 [《柏林古典文本》（*Berliner Klassikertexte*）6 P 10677]："圣子有一个开端，但上帝没有开端。道（圣子）在所有方面都与圣父不相类。曾经有过一段时间，那时候圣子还不存在，在他受造之前，他都不存在。"

324 年，君士坦丁第一次了解到阿里乌斯与亚历山大的分歧，他把它看作一种极端的、智力上的争辩。他在信中再三提醒两位教士，他们争论的问题是在咬文嚼字，没人能理解，他个人对此很是笃定。掌握了希腊化的东部的政权之后，他第一次切身体验到，这个问题不像"你们握手言和吧"那么简单。在东部，正如公元 5 世纪的教会史学家索克拉特斯讽刺地描绘的那样，没有人能走到大马路上，而不被卷入关于圣父、圣子关系的讨论（《教会史》1，37）。

公元 325 年，在君士坦丁的命令下，这些在 4 世纪初就已经由于各种组织上、神学上的论争而四分五裂的东部教会主教聚集到了尼西亚的大殿〔Palastaula，位于特里尔，后称为君士坦丁巴西利卡（Konstantinbasilika）〕。大约有 300 个主教接受了皇帝的这一邀请。君士坦丁建立了一个委员会，他们用模棱两可的"同本体论"（homoousios，希腊语为 ὁμοούσιος τῷ πατρί）草拟出一个提纲，代表了皇帝的立场：圣父和圣子具有同样的本质。君士坦丁给出最终结论并且建议所有人同意并签名。由于君士坦丁威胁说，不同意就会被放逐，他几乎获得了一致的赞同。此外，尼西亚会议还把教会组织结构镶嵌进整个国家的组织结构，会议的成果因而也升级为帝国法律。

尼西亚会议的组织形式类似于罗马元老院。这也就能理解，为什么是皇帝在主持会议。会议以皇帝的一个演说（relatio）开场。他依据主教们的地位等级，向他们传达意见，同时也开始协商。整个会议过程，皇帝都在场。除了尼西亚会议之外，327 年尼科米底亚召开的同样是关于阿里乌斯的宗教大会，以及 336 年在君士坦丁堡召开的会议中，他也都有参与。

尼西亚公会议中皇帝所扮演的角色并无先例；直到那时候，几乎还没有不属于宗教团体的皇帝参与过这样的会议；而君士坦丁并不属于宗教团体。尤西比乌斯想到了一个解决办法：给君士坦丁一个宗教头衔，这个头衔在宗教中并没有什么意义，却可以在某种程度上调和基督教立场的要求与现实情况。这样，这位统治者被冠以"普世牧首（allgemeiner Bischof）"或者"主教的主教（Bischof der Bischöfe）"的头衔，这样，皇帝在会议中突兀的角色也被蒙上了柔和的光。

君士坦丁看到的完全不一样。他曾经是，而且一直是大祭司（pontifex maximus），在那些德高望重的教士中，他是地位最高的一个；他要负责宗教仪式（sacra）并管理教士（sacerdotes）。如果在这两方面出现问题，他也有义务去修正。另外，神的震怒也威胁着人类，不管这个神是谁，这种震怒可能会毁灭统治者和整个帝国。此外，维护宗教的统一也是在感恩神明给国家带来的福祉——军事上战胜了马克森提乌斯和李锡尼就是最重要的例子。

另外，在宗教事务上，他在决策时也需要征求意见，讨论在最重要的问题上应该如何行动。正如在大多数国家事务上都有一群管理专家和军事专家为他提供意见，宗教崇拜方面的专业人士就是尼西亚的这些主教。在所有这些顾问小组中，皇帝都处于最高地位，主持着整个活动。通过宗教会议，君士坦丁接管了这个已经存在很久的组织，并对它重新进行解释。

这里所勾勒的争议涉及信仰问题，涉及个体与人类整体的救赎问题。同时，它也涉及主教的位置，涉及权力、拥护者和广义上的政治，尤其是当时基督教的扩张越来越成为一件关乎整个国家的大事。

尼西亚公会议虽然涉及了关于阿里乌斯的争议，却并未能予以澄清。新造的"同本体"概念未能说明多少问题，因为他们没有对此作出更进一步的规定；也许君士坦丁想用"同本体"来描述自己与基督的关系。意料之中的是，这次会议并未能结束神学论争以及它带来的影响，会议结束后，它还一直继续着。

因为君士坦丁未能通过会议建立统一的宗教，公元 326 年，他走上了另一条道路。那时，原本为基督教教士提供的许多国家和城市事务方面的优惠已经缩减了，只有信奉正统基督教的教徒能享有这一特权，反之，异端分子和教会分立论者却要承受更多的负担。

一项针对诺凡提派（Novatianer）、瓦伦庭派（Valentinianer）、马吉安派（Macioniten）、保罗派（Paulianer）以及弗吕家（Phrygier）的孟他努派（Montanisten）这些异端的法律背离了这条道路。此处不对涉及的教派详细展开论述，但它们都有一个共同点，即都是从官方教会脱离出来的。他们像多纳图派一样不属于正统的基督教会，因此一直以来受到君士坦丁的打压，没有正统教派享有的特权，而如今则会直接受到惩罚。国家不承认他们是一个宗教团体，导致他们被禁止举行各种形式的聚会。国家没收他们的产业，他们的宗教场所也都要交给正统宗教，这一切的背后，是君士坦丁为实现宗教统一所作出的努力，他从未放弃这一理想。一旦劝说起不到任何作用，这位皇帝就会经常采取措施推广基督教，把它变成唯一的、统一的宗教信仰。

因为君士坦丁站在罗马统治者的传统立场上，自从戴克里先改革了宫廷礼仪之后（见第九章之"宫廷"），他的地位甚至更高。他认为，所有臣民都要有一个统一的信仰，这是必要的，这样才不会威胁到国家的存在：他曾写信告诉一位长官，"一个国家要是蔑视宗教，就会陷入巨大的危难"（尤西比乌斯，《教会史》，10，7，1）。至少在形式上，当皇帝告诉他们是哪一位神明保佑着国家，所有臣民都要敬拜这位神。如今君士坦丁选好了上帝，与朱庇特或者太阳神不同，这位上帝不能容忍别的神的存在。这两个基本观点联系到一起，就造成一个很显著的结果：向一个基督教国家教会迈进的步伐已经不可阻挡，其中伴随着基督教中根深蒂固的，对别的神明、别的宗教崇拜及其追随者的排他性与攻击性。

第十一章　君士坦丁堡

在战胜李锡尼后，君士坦丁进一步发展他的帝国，在拜占庭遗址上建一个新都城正是一个象征。在一个不缺乏幻象的时代，这个事件中也有超自然的力量促使他找到地基。这座城是胜利的纪念，也是君士坦丁个人的成就，因为对战李锡尼的一大成功就在于战胜了西部的统治者。君士坦丁延续了在胜利之地建造胜利之城的传统。此外，拜占庭在地理上和军事上显示着作为一个都城的资质。326 年埋下了新城的基石，330 年举行了落成仪式。

按照希腊统治者的样子，君士坦丁以自己的名字来命名这座新城：君士坦丁之城——君士坦丁堡（Konstantinopolis）。但是它的旧称"拜占庭"从未被完全丢弃。很久以来，"新罗马"这一概念得到了广泛传播，这清楚地表明该城市确实被认为是"第二个罗马（Νέα Ῥώμη）"，与古罗马相对立，或者更确切地说是过去的罗马的替代品。然而，顶着"第二罗马"的名号，罗马帝国的旧中心始终保持着活力。

这个城市的重建是按照流传数百年的仪式准备的；在这些问题上，君士坦丁相信传统。占星师观星象，认为状态是有利的；预言家观察鸟类的飞行，并注意到神的仁慈。作为大祭司，皇帝用脚步画定了城市的范围，并用仪式专用的投掷杆投出了一道象征着城市边界的田野沟。一群异教祭司在仪式上起到了辅助作用。落成仪式那天，330 年 5 月 11 日，君士坦丁制作了一幅占星图。通过新旧结合，他将一些旧的东西带入了新时代。

随着新都城的建立，君士坦丁仿照罗马的模式建立了新的元老院，但它是一个"次一级的"元老院，也就是说，罗马元老院的级别更高。与此相应的，尽管君士坦丁使了一些引诱手段，却没能成功地将罗马的元老院议员吸引到君士坦丁堡来。因此，皇帝把东部各城市的统治阶层和宫廷官僚机构的人员召集到新的元老院中，但这样一来，元老院在很大程度上受制于统治者的意志。这些人几乎都是从希腊化的东部专门招募而来的，不久后，两个元老院就成了帝国中拉丁文化（罗马）和希腊文化（君士坦丁堡）的代表，成了帝国进一步分裂的契机。

君士坦丁花了很大力气让他的新都城变得富有吸引力。他为宫廷官员和元老院成员建造住所或直接提供资助，以便这些人可以建造房屋。为了更快推进城市扩张和鼓励高层次人员定居，皇帝要求亚细亚和本都行政区的所有国有土地租用者在君士坦丁堡建造房屋。

鉴于这些举措，人们指责统治者为他的城市浪费钱实在不足为奇。君士坦丁堡的建立在希腊化的东部遭遇了一些激烈的批评。对利巴尼乌斯来说，新都城不仅是偏见和放荡的温床，而且作为消费中心，也是东部其他城市的寄生虫。因为无可否认的是，君士坦丁堡集中了在别处一定会被减掉的资源。继任的统治者准备对东部其他城市投入的资金显然也是有限的。

君士坦丁堡成了国都和行政中心。在古典时代，供水对这样一个中心城市有着至关重要的意义，因为新城市的规模是从前的四倍大。功能强大的高架渠和蓄水池为帝国城市及其所有标志性的浴池和喷泉提供了必要的水量，至今仍给观者留下深刻印象。

这座城市有着宏伟的建筑，并且享受着各种特权。佐西姆斯记述说，在城市建设期间，君士坦丁在竞技场上建造了一座双子神殿（2，31，1）。这两位年轻的骑手之神常常帮助"罗马"，并且在对抗李锡尼的战争中也因为帮助了君士坦丁而被提及，因此他们也适合作为"新罗马"的守护神。

城市建成后，人们在君士坦丁圆形广场的中心竖立了一个巨大的斑岩柱（Porphyrsäule），顶部装饰着一尊统治者的雕像。这个斑岩柱成了城市的象征，正如古典时代的世界地图"波伊廷格古地图（Tabula Peutingeriana）"所展示的那样：在那上面，斑岩柱被画在城市女神旁边（见图3）。自6世纪以来，拜占庭历史学家这样向我们描述雕像的外观："在他的柱子上，他放置了自己的雕像，头上有七道光线"[马拉拉斯（Malalas）312，12]。君士坦丁在这里以赫利俄斯／索尔（Helios/Sol）的形象出现，是城市和帝国的中心。雕像手中拿着王权标志：象征宇宙的地球仪，还有长矛。君士坦丁实际上是"照耀一切的太阳"，正如皮西迪亚的特尔美索斯（Termessos in Pisidien）的居民在给皇帝的颂文中描写的那样[《小亚细亚铭文》（Tituli Asiae Minoris）3，1，45]。菲罗斯托尔吉乌斯（Philostorgius）记述道，即使到了公元5世纪，基督徒仍会供奉斑岩柱顶端的君士坦丁像，像对待神一样起誓，请求其帮助解决个人的苦痛[菲罗斯托尔吉乌斯，《基督教历史》（Kirchengeschichte）2,18]。这里我们说的是民间的笃信，它在很长一段时间里躲过了官方教会的干预。

基督徒和异教徒在新都获得了平等的地位。除了寺庙之外，此地还有无数基督教堂。

新城也建在七座山上，分为十四个区。行省政府不再拥有辖区，君士坦丁将城市交付

图 3 波伊廷格古地图上的君士坦丁堡

给特别任命的资深执政官（Prokonsul）；后
来像罗马一样，还会任命一个城市长官
（Stadtpräfekt）。君士坦丁堡的居民只要是房主，
就会收到谷物捐赠。在正式落成仪式之前，一
个专属的钱币铸造点建好了。

　　"第二罗马"的建立是罗马帝国东西分裂深
化的又一个明显标志，而在帝国最终一分为二
之后，它成了拜占庭帝国的都城。这座都城及
其帝国的长治久安无疑证明了君士坦丁的才干，
直到 1453 年它被土耳其人征服。在君士坦丁堡
沦陷后，这座城市的传统传到了"第三罗马"：
沙皇伊万三世（1462~1505 年在位）的莫斯科。

第十二章　洗礼、死亡和葬礼

关于君士坦丁的洗礼，在古典时代流传着好几个不同的版本，根据 4 世纪中期起在《新年仪式》（*Actus Silvestri*）中流传的与君士坦丁相关的记载，直到他 324 年战胜李锡尼时，他一直是一个暴虐的基督徒迫害者。当他患麻风病时，异教祭司告诉他，去卡比托利欧山上用儿童的血沐浴会对他的病有帮助。但在这一极端情况发生前，君士坦丁撤销了杀生的命令，不再前往卡比托利欧山。夜里，圣徒保罗和彼得向他现身，告诉他可以通过洗礼祛除疾病。后来，在新年夜，罗马主教完成了这一仪式。

佐西姆斯（2，29，1-4）记载了这一传统，并指出君士坦丁之所以皈依基督教，是因为他为处决了法乌斯塔和克里斯普斯而有负罪感。异教祭司拒绝赦免他的谋杀罪，而一名来自西班牙的埃及人（见第一章）向他保证，耶稣会原谅一切罪行，包括谋杀罪。

"根据神的旨意，主教们执行了规定并赐予他神秘的恩典"，基督教历史学家尤西比乌斯如此描述337年5月君士坦丁的洗礼（《君士坦丁志》4，62，4）。这次洗礼是在尼科米底亚进行的，不要把当地的阿里乌派主教尤西比乌斯和我们提到的这位作者混淆。

在整个中世纪，前面描述洗礼的第一个版本是最流行的。只有当与这一传说相关的"君士坦丁献土"文书被揭露为是赝品的时候，才会出现对这一洗礼描述的质疑。因此，今天的人们更相信尤西比乌斯的版本。

教会历史学家想要表达的是，病榻上的洗礼很常见，这不过是其中之一。在4世纪初期，直到面临死亡的危险才去受洗的情况大大增加。君士坦提乌斯二世早在青年时期就受过基督教的教育，也是很晚才受洗。351年与篡位者马格嫩提乌斯（Magnentius）战斗之前，未受洗的皇帝要求他的士兵受洗，"因为我无法忍受和那些不了解秘密宗教仪式的人（即未受洗的人）并肩作战"［狄奥多勒（Theodoret），《基督教发展史》(*Kirchengeschichte*) 3，3，7］。皇帝继续中肯地解释道，生命充满了无常，特别是在武器锵锵作响、箭矢乱飞的战争中，死亡可能很快光顾。无论如何，这适用于普通士兵，因为君士坦提乌斯二世自己直到 361 年与尤利安作战都未受洗。正如我们今天所知，统治者比以往更严肃地对待这次暴动，并决定在决战之前受洗，但这场洗礼并未发生，因为君士坦提乌斯二世在那之前去世了。

晚期的洗礼一般是为了赎罪，人们对此有所期待，并且人们不想草率地浪费这次机会。主教们强烈反对这一点。一方面，正如基督教宗帝瓦伦提尼安二世（Valentinian II，375~392 年在位）所遭遇的那样，这种"技巧"包含了未经洗礼就去世的风险，因而带来了一个问题：这样的统治者如何进入天堂呢？另一方面，主教们没有机会对未受洗的人进行纪律上的约束；

只有安波罗修（Ambrosius）能够在 389 年使受过洗礼的狄奥多西（Theodosius，379~395 年在位）去教堂忏悔。[1] 主教们花了很长时间才在主流的圈子中占据优势，特别是因为第一位基督教宗帝受到了相应的指责。

据说君士坦丁受洗后，没过几天就去世了。几乎没有一个古代统治者的死亡消息是没有丑闻相伴的，总有人出于各种动机散布非正常死亡的谣言。君士坦丁事件中，这样做的人正是阿里乌派教会历史学家菲罗斯托尔吉乌斯。他指控阿里乌派皇帝君士坦提乌斯二世谋杀君士坦丁，试图以此来洗清他谋杀君士坦丁同父异母兄弟的罪行 [《阿特米修斯受难记》（*Artemii Passio*）第七卷第 16 页和 16a，彼得兹 / 温克尔曼（Bidez/Winkelmann）德译本]。

君士坦丁的死引发了一场血腥屠杀，是由高级将领在君士坦丁堡发动的，以便将死者的一些旁系亲属铲除，因为他们被视作潜在竞争

---

[1]　皇帝狄奥多西一世为给被居民杀死的驻军司令报仇，屠杀了大批居民，主教安波罗修以开除教籍为惩罚，迫使他在教会里当众认罪。——编者注

对手：尤利乌斯·君士坦提乌斯[①]和他的儿子达尔玛提乌斯以及汉尼拔里阿努斯（见第八章）。接着，君士坦提乌斯二世和他的两个兄弟君士坦丁二世、君士坦斯于 337 年 9 月 9 日晋升为奥古斯都。随后是另一场大清洗。君士坦丁的一些老亲信成了牺牲品，其中最著名的是东部的禁卫军长官阿布拉比乌斯（Ablabius），即君士坦斯未婚妻的父亲。君士坦丁委托他照顾年轻的君士坦提乌斯二世；至于君士坦提乌斯二世是想摆脱讨厌的监管，还是像后来风传的那样，嗅到了叛变的气息，至今仍未可知。

君士坦丁是一名基督徒，却又是一名自成一派的基督徒。教会历史学家尤西比乌斯笔下，历代非基督徒皇帝仿佛组成了最漆黑的背景，而在这块黑色底片上面，作者又用最明亮的色彩给我们描绘了一个基督徒皇帝的形象。他在两个方面进行了修饰：他固然夸张地描写了统治者作为基督徒的一面并一直强调这一点；但不容忽视的是，他显然干预了君士坦丁对基督

---

① 此处疑有误，根据上文内容为君士坦丁的同父异母兄弟达尔玛提乌斯。——编者注

教的理解。

　　君士坦丁想要被埋葬在他的新都城君士坦丁堡的大教堂里。君士坦提乌斯二世为这座教堂建造了一座陵墓，将教堂与安葬地分开。在这座大教堂里，君士坦丁的金棺位于大概两个半圆的中心，每个半圆安放着六个使徒的纪念碑。这纯粹是一个标志，因为教堂里并无圣徒遗骨。他的金棺比其他棺椁都大，是整个建筑的中心，也许是在中央圆顶的下方。被十二使徒环绕的第十三人是谁？除了基督以外还有谁是上帝的儿子？君士坦丁希望在他生命的最后时刻受洗，这一点仍符合当时的习俗。但他想在约旦受洗，因为他想成为的那个人——基督——也在那里受洗。"你就像那个神"，一位颂词作者这样称颂君士坦丁，不过他说的神是阿波罗。之后，君士坦丁将坚持要理解清楚这个神到底是阿波罗还是基督。鉴于君士坦丁的这些计划，我想知道，天主教神父在耶路撒冷的圣墓教堂的落成典礼上的讲话是否真的像尤西比乌斯说的那样，使统治者那么不满。这位神父称赞君士坦丁有福，因为"在此生中，他被尊为整个王国的唯一统治者，并且今后将与上帝的儿子一起统治"（《君士坦丁志》4，48）。君士坦丁与基督的相近性在文中反复出现，引人注目。为了回归出发点，尤西比乌斯已经弱化了这一点，但毫无疑问，当这个神是基督教的上帝时，皇帝与神（不论是独一神还是众神）的临近都不会减损分毫。在公元7世纪，即有了几个世纪的基督教传统之后，拜占庭皇帝"留胡子的"君士坦丁四世（Konstantin IV Pogonatos，668~685年在位）提出了将他的两个兄弟提升为共治帝的想法，以便在世间呈现圣三位一体的形象［赛奥法尼斯（Theophanes），《编年史》（Chronographie）352，15］。

就像君士坦丁在他父亲死后将他与众神并列一样，他的儿子在他去世后也是如此。君士坦丁被授予圣职并且获得了神的称号，divus。这一事件被镌刻在封神纪念硬币上，再次展现了他那个时代的宗教的矛盾性。这些硬币是皇帝死后铸造的，我们现在能看到保留下来的真品并读到尤西比乌斯的描述（《君士坦丁志》4，73）。一种硬币样式展示了君士坦丁的形象，他身披斗篷，伸着手，坐着四驾马车飞向天空，在那里神向他伸出援助之手（图4）。这幅图景让人想起太阳神在他的马车中，连尤西比乌斯也在他的描述中放弃了任何基督教的阐释。随着君士坦丁被封神，这个循环结束了。君士坦丁成了神，他是太阳，在太阳里，他总是能看到他的至高神。至于这个至高神是谁，从中却无法辨认。

图 4　君士坦丁封神纪念币

第十三章　君士坦丁的信仰

鉴于信息来源匮乏，研究古代史的历史学家只能极其有限地知悉一个人的观点。我们对君士坦丁性格的了解没有任何密钥，我们看到的只是统治者的公开言论。在我看来，君士坦丁的行为不无政治和宗教目的；在研究古典时代宗教时，我们不应让这两个方面彼此分离。君士坦丁的宗教信仰源于当时的融合主义（Synkretismus），这个概念并不是负面的。

"改宗"概念用在君士坦丁身上是有问题的。在基督教的背景下，这一概念使人联想到保罗；但君士坦丁不是这样的。在古典时代，人们已经想到了君士坦丁改信基督教的动机。

要对这个决定作出评判，必须辨明两件事。一方面，这是支持基督徒的举措，带有明显的同情色彩，自 313 年以来就不容忽视；另一方面，这是脱离旧有神祇的努力。前者或许从 306 年就有端倪，至少肯定是在 312 年取得米尔维安大桥战役胜利时就开始了，后者则是在 324 年击败李锡尼之后才开始的。

古代神灵和宗教仪式一直被理解为个人寻求建议的对象和途径，他选择一个或多个神来满足他自己非常个人化的宗教需求。君士坦丁312 年之后选择了一位新神，或者说他重新解释了以前的"信仰"。从古代的宗教观念出发，这并不是什么重大的变化。每个人都有这样做的自由，当然统治者的决定意义重大。

君士坦丁是一名基督徒，虽然他从未参加礼拜。按照当时的理解，他甚至都不是一个愿受洗者。为了被慕道友所接受，参加教区的礼拜仪式是必要的；这需要忏悔和认罪。但单纯要被为基督徒，能够引用教义或者能简单地忏悔就足够了。就像君士坦丁认为自己是基督徒一样，他当然也自行认定了他周围谁是基督徒，谁不是基督徒。

值得进一步思考的是，那时基督教并不是一种单一的宗教信仰，并且我们不知道君士坦丁将新的宗教认定为自己的宗教的时候，会遇到哪个派别。例如，阿里乌教派信徒能够为皇帝提供更好的宗教和意识形态概念，以确保他的地位并支持他的权力。在他们看来，基督只是和上帝同质（wesensähnlich，即 homoousios），因为上帝的儿子并非一直存在，而是在时间中被生出、受造的，所以在与上帝的关系上，皇帝和基督之间的差别微乎其微。

君士坦丁用"至高神"这样的术语来向公众展示他的上帝。在古典时代，关于神的想法总是变动的，神以不同的方式向人现身，被以不同的名义祭拜，但实际上只是同一个神。一位颂歌作者这样说道［《散文歌集》（*Panegyrici Latini*）12，（9），26，1］："造物主，你承载了如此多的名字，和你所认为的人类的语言一样多。"大家都相信，对许多人来说，即使在现实中的显现方式不同，最高的神灵只有一个。从这个意义上说，对至高神的信仰很可能成为各种宗教之间的联系。在温和派的异教徒看来，本书开头所提到的放弃前往卡比托利欧山以及随后脱离异教是君士坦丁整个宗教政策中的决定性一步。随着对其他宗教信仰的排斥乃至攻击，以及对此前从未被质疑的宗教活动的诘难，罗马帝国发生了一些变化，很多记录证明了这一点。利巴尼乌斯写到，在战胜了李锡尼之后，一个重要的转折出现了，但他并未提到具体的名字［《集祷经》（Oratio）30，6］："当我们还是孩子的时候，那个在罗马滥施暴政的人（马克森提乌斯）被打败了，打败他的人（君士坦丁）率领着高卢军队，反对他们以前祈祷过的神灵。但是之后，当他（君士坦丁）打败了给国家带来黄金时代的人（李锡尼），并且认为这有助于他信仰另一个神的时候，他虽然利用宗教财富来建设他心尖上的城市（君士坦丁堡），但传统的宗教仪式并未发生变化，相反，虽然物资匮乏，人们却可以看到，剩余的部分还是建成了。"

像许多现代研究中预设的那样，要求君士坦丁在宗教政策方面保持一致和连贯，当然是错误的。杨布里科斯（Iamblich）认为，人凭着人的逻辑无法接近神的本质［《神秘学》（*de mysteriis*）3，25，160，2］，信仰本身也是如此。然而，除了个别短暂出现的例外，君士坦丁宗教政策的某些方面可以说是具有一贯性的。这种一贯性体现在两个基本方面：推动基督教崇拜，同时又强调所有人都有信仰自由。这一点拉克坦兹也曾记述过［《神圣教义节选》（*Auszug aus den göttlichen Unterweisungen*）49，2］："如今的宗教给了自由一个容身之所。它比任何其他事情都更需要自愿，不能强迫任何人崇拜他们不想崇拜的东西。"君士坦丁对基督教的信仰促使他努力让他所倡导的宗教走向统一。因此，他对所谓异教徒采取了比对旧的崇拜传统的守卫者更严苛的措施。最后，基督教崇拜得到了极大的加强，成了君士坦丁治国方针的重要组成部分。

异教徒和基督徒很早以前就已经共存，这一点在君士坦丁时代也并无不同。生产于意大利帕维亚造币厂（Prägestätte Ticinum/Pavia）的著名银币（6.4 克）经常被用来证明这一点，其意义甚至被过于高估（图 5a）。"统治者君士坦丁大帝，虔诚（和幸运）的皇帝［imp(erator)

Constantinus p(ius) f(elix) Aug(ustus)]"举着一个盾牌，盾牌上是罗马的古老标志，大的标志是带着双胞胎的母狼，小的标志是新的战争标志，是统治者头盔上的凯乐符号（见第六章）。它是一种纪念币而不是流通货币，直径为2.5厘米，如果你想象一下它的尺寸，就会知道这个新标志的实际大小。如今已知这种币有三个版本，可惜实物已淹没在大量传统设计的硬币中，难以寻觅。凯乐符号的尺寸约为2毫米，这就是为什么几乎所有示意图都要放大显示这种纪念币，因为按真实比例，无论头盔上的标志是什么意思，肉眼都几乎看不到。

君士坦丁和太阳神被描绘在一块重约9索里都斯（即39.8克）[①]，产自帕维亚的金币上（图5b）。"不败的君士坦丁大帝，虔诚的（和幸运的）皇帝［invictus Constantinus p(ius) f(elix) Aug(ustus)]"与索尔一起以双人形象被展示在上面。虽然两个头像的外貌差异清晰可见，神

[①] Solidus，复数形式为solidi，简称索币，又译索里达苏勒德斯，是301年发明的金币，在君士坦丁一世统治时期广泛流通，纯度较高，每个约重4.5克，后被用作金的量重单位，1索里都斯等于4.5克。——编者注

a. 银币　　　　　　　　　b. 金币

图 5　帕维亚铸造的纪念币

戴着象征太阳光线的冠冕，两人的嘴巴、鼻子和发型都不同；但是两个人的头共用同一个身体。它是皇帝与神之间密切关系的生动体现。帕维亚出产的这枚纪念币不是批量制作的产品，它与上述银币相比具有更大的价值，但它们共同说明了君士坦丁对"信仰"的矛盾心理。两种纪念币的年代无法准确考据；然而，要阐释它们并不一定需要时间上的精准定位，因为这种矛盾情绪已经表现在君士坦丁自 312 年以来的公开活动中。这是一个漫长的过程，在这个过程中，有基督教色彩的太阳神逐渐胜过异教的神占了上风，但同时这些不同的方面又发生了融合。

第十四章　尤西比乌斯，君士坦丁的传记作者

凯撒里亚的尤西比乌斯（约260~340）是一位主教，也是一位教会历史学家，他的著作塑造了第一位信仰基督教的皇帝的形象，给后世带来了决定性的影响。他在家乡由俄利根兴建的学校和著名的图书馆里接受了教育。在基督徒受迫害时期，他不得不在303年逃往埃及，但在那里被监禁；在宽容敕令颁布之后，他得以返回凯撒里亚，313年，他在那里被任命为主教。和尤西比乌斯一样，阿里乌斯也受到了俄利根的强烈影响。在关于阿里乌斯的争论中，尤西比乌斯支持他，为此他在324年的宗教会

议中被开除了教籍。尤西比乌斯只是有所保留地在尼西亚公会议的决议书上签了名。他的历史著作中，"教会历史"主题最为突出，他在十卷本著作《教会史》中描述了从创世记到君士坦丁战胜李锡尼的这段历史。早在公元 4 世纪，他的著作就被翻译成叙利亚语，很快又被翻译成亚美尼亚语。关于君士坦丁的颂文主要强调统治者的"生平"，因而其四卷本《君士坦丁志》对统治者夸张地大加赞颂。这些著作很重要，因为其中包含了大量文书。

这里单独辟出一章给凯撒里亚的（阿里乌教派）主教尤西比乌斯，并不是因为他对君士坦丁产生了重大影响。君士坦丁的教会顾问是谁在很大程度上仍是未知的，尤西比乌斯只是在君士坦丁堡或者附近地区短暂地与皇帝见过三四次，其他时间他都在凯撒里亚的教区度过。尤西比乌斯并不是影响了皇帝本人——假使有人能做到这一点的话——而是为后世塑造了皇帝的形象。

这里至关重要的是教会作家的历史观。他将世界历史的进程理解为一个不断进步的过程，直到最后在他自己的时代，基督教统治了整个世界。最重要的是，尤西比乌斯的教会史著作记载了基督教的胜利。对他而言，基督教和君主专制是不可分割的，两者同时出现，对后世有着巨大的影响。有了奥古斯都，一个统一的罗马帝国建立起来，在他的统治下，基督出现了。正如皇帝取消了小邦分立主义一样，基督也取消了很多神。随着324年第一位基督徒皇帝君士坦丁战胜李锡尼，尤西比乌斯确立了他的历史观：基督教在唯一的统治者君士坦丁身上取得了胜利。

335年，当他被要求在执政三十周年庆典上献词时，"主教"这一概念被赋予了新的视角。这样的演讲有自成一套的要求，因为节庆献词中皇帝必然是众人关注的焦点。虽然尤西比乌斯的历史神学在这里只是陪衬，但是对君士坦丁来说，主教设计了一种统治者神学，重新定义了他在救赎史中的作用。可以说，教会历史中所描述的基督的所作所为，现在都成了君士坦丁一人的功绩。统治者认为他是尘世最高神性的承载者（尤西比乌斯避开了基督的名字），在颂歌作者口中，这和他前面历代统治者的愿景相匹配。天国与尘世平行，天国之王与君士坦丁同在。戴克里先和共治帝们声称自己是神圣意志的阐释者，尤西比乌斯将这一点接纳过来并将其写入基督教福音中；君士坦丁成了这种福音的学者、译者和布告人。

尤西比乌斯的执政三十周年庆典献词是古典文化的证据，当时所有高层人士都受这样的文化影响。和其他任何迎合了统治者意志的作品没有什么不同，在这篇献词中，主教使用的词语顺应了以柏拉图哲学为导向的神学概念。此外，如果他没有提及基督的名字，这种沉默正是君士坦丁意图的佐证，他更希望用一般性的词语如"最高神"和"至高神性"来引起尽可能多的帝国居民以及尽可能多的信众的兴趣。并不是说君士坦丁的神是不明确的，而是认为最高权力可以以多种形式向世人展现的这种想法仍有一席之地。如果将周年献词和尤西比乌斯的其他作品相比较，主教的克制显而易见。这些献词被交给统治者，由他来批准。君士坦丁是帝国的统治者，理论上也是世界的统治者、全人类的统治者，不论他们是哪个神的信众。因此，异教徒和基督徒都被囊括在君士坦丁以及他的臣民的话语中。

如果要从中得出一个结论，那么最重要的是，这里有一个受到赞颂的统治者，他摒弃了日常政治的糟粕。君士坦丁是一个理想的统治者，超越了肉眼凡胎，其形象呈现的非凡特质今天在保守宫（Konservatorenpalast，即 palazzo dei Conservatori）的君士坦丁巨像中还可以看见（图6）。皇帝的头就有 2.6 米高，重建的坐像（图7）高度超过 10 米。正如恺撒和奥古斯都时代以来所通行的那样，雕像的大小让他在生前就已超凡脱俗。君士坦丁分享了这个观点，他是君士坦提乌斯神之子，马克西米安神和克劳狄二世神的继承人和近亲，他曾见过阿波罗，现在又将与阿波罗的联系转移到基督身上。

尤西比乌斯撰写的最后一部作品《君士坦丁志》影响了后来基督教作家笔下的君士坦丁形象。传记的撰写可能在皇帝生前就已经开始，但核心部分在他逝世后才完成。它不是严格意义上的传记，因为尤西比乌斯想要塑造一个理想化的基督教统治者形象。这是老生常谈，但仍然是确凿无疑的：尤西比乌斯当然只会在这里记述他认为好的、虔诚的、模范的内容。

我想以尤西比乌斯对君士坦丁之死的描写来阐释他处理历史的方法，从中我们也能进一步看出，他的作品日后是如何被接受或忽略的。

337 年复活节期间，君士坦丁病重。他去了尼科米底亚湾的南海岸，来到海伦波利斯

图 6　君士坦丁巨像的身体部位

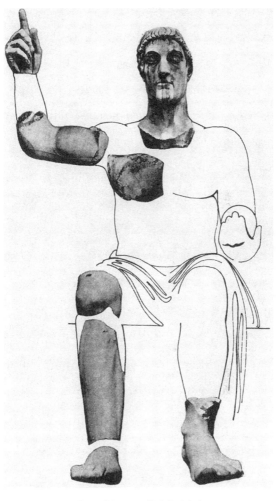

图 7　君士坦丁巨像的复原尝试

（Helenopolis）附近的温泉。在这里，他进了殉道者教堂祈祷。如主教所记录，当君士坦丁意识到自己死期将至时，他向主教要求受洗，并在 337 年 5 月 22 日于圣灵降临节去世。并非所有古典时代的作者都认为君士坦丁是在疗养期间去世的。异教历史学家比如利巴尼乌斯（344/345）、尤利安（361~363 在位）、《君士坦丁家庭谱系》（Origo Constantini）作者亨利·瓦卢瓦（Henri Valois，约 360 年）、奥勒留·维克多（361）、欧特罗皮乌斯（369）、斐斯图（Festus，约 370 年）一致认为君士坦丁在征战波斯人时死在军营里。只有死亡地点尼科米底亚是被所有人认同的。

尤西比乌斯之后的一些基督教作家不满意君士坦丁在战争一开始就去世这一观点。也许这与一个爱好和平的统治者形象不符，也许是统治者在一场刚刚开始的战争中出师未捷身先死让人难以接受。

尤西比乌斯所描述的君士坦丁最后的日子被基督教历史学家所接受。鲁菲努斯（Rufinus，410）、菲罗斯托尔吉乌斯（439）、索克拉特斯（439）、沙卓门（Sozomenus，450）、狄奥多勒（466）没有提到与君士坦丁的死有关的波斯战役，尽管其中一些人对与波斯的战争非常清楚。这种情况下，有可能正是这些人销毁了尤西比乌斯《君士坦丁志》第四卷第56、57章的后半部分，这些章节至今仍未被找到。销毁过程中，他们忽略了作品开头的总结性标题，因此我们可以从中推断这些章节涉及战争准备。因为刚才提及的作者谈到了这场战争，却没有跟进到战事的结尾，因此没有什么可以妨碍人们对历史上第一位基督徒皇帝的行为进行美化。公元6世纪时，约翰·马拉拉斯（Johannes Malalas）写道（13，317）："他（君士坦丁）向波斯人开战并取得了胜利，和波斯统治者沙普尔（Schapur）签订了和平条约。是波斯人向罗马人求和。"7世纪和8世纪之交，尼基由主教约翰（Johannes von Nikiu）的想象激发了对波斯战争的如下"描述"（72，61-62）："他（君士坦丁）对波斯攻城略地。战后，他在和平中重建了城池，并向它们赠送礼物。礼物中有一只号角，那是要为统治者而吹响的号角。他热情地接纳了生活在那里的基督徒。他清除了城市官员和所有身居高位的人，并用基督徒取而代之。他在每个城镇和村庄建起了庄严的教堂。"

尤西比乌斯在把君士坦丁塑造成真正的基督徒皇帝的过程中发挥了重要作用。比如，他在概述君士坦丁反异教的宗教政策时，列举了一些法律条文和一些具有首创性的事例。无论如何，他至少保留了一些证据，例如君士坦丁的《下达东部各省》，这些证据有时候跟他自己的阐释是相互矛盾的。

第十五章　君士坦丁与西方

历史是一片采石场，每一代人都从那里取走他们所需要的，或用以解决自身所处时代的问题，或用以娱乐消遣。人们从中提取了一些思维模式和一些名称作为框架，再依据需要和可行性，往里面填充新的内容。因此，并不存在一个唯一的君士坦丁的形象，而是根据不同的需要形成了不同角度的君士坦丁形象。君士坦丁这个采石场给后代留下了多种可能性。最显著的一点是，君士坦丁是第一位基督徒皇帝；首先，这归功于尤西比乌斯的《君士坦丁志》，它使得身为基督徒的君士坦丁对后世产生重大影响，成为楷模。第一位"基督徒"皇帝的意义也在于，后来的基督教会以所谓的《君士坦丁御赐教产谕》（donatio Constantini）为依据，要求获得世俗政治上的权力。

自公元 4 世纪中叶开始，关于迫害基督徒的君士坦丁在罗马主教西尔维斯特（Bischof Silvester）那里受洗，以及这位统治者从麻风病中康复的故事（见第九章）就流传开来了。紧接着的另一个故事说，出于感激，这位皇帝当天就颁布了对基督教友好的政策，并宣布罗马主教是所有教会的首领。这个传说继续扩大，称在 8 世纪时出现一份文件，很长时间以来，这份文件都被当作真品。根据这份文件，罗马教廷高于所有其他地区的教会，罗马大主教，也就是之后的教宗，被颁发帝国奖章。文件记录了拉特兰宫（Lateranpalast）被赠给教宗，罗马、整个意大利和西方的行省都被转让给教廷。此外，该文件还声称皇帝本人迁回拜占庭，安于对东部的统治。"君士坦丁献土"就这么被炮制出来，并且发挥着效用，直到 15 世纪时，库萨的尼古拉（Nikolaus von Kues，1401~1464），洛伦佐·瓦拉（Lorenzo Valla，

1407~1457）和瑞吉纳德·佩科克（Reginald Pecock，约 1395~1459）指出它是伪造的。一直到那时候之前，只要涉及教廷的世俗权力，就会浮现君士坦丁的身影。另一件对后代影响深远的事，就是君士坦丁堡的建立。我们既可以把君士坦丁看作拜占庭帝国的建设师，也可以认为他出卖了罗马帝国。

无论人们端出君士坦丁来是为了什么目的，君士坦丁的个人形象都早早地隐退，变成了一个理念，他变成了一位信奉基督教的世俗皇帝，随着时间推移越来越成为人们心中的表率。甚至连《君士坦丁御赐教产谕》也具有示范意义，在发现它是伪造品之前，又纷纷出现了效仿它的伪造品。大约 11 世纪末时，在特里尔流传着这样一个传统，奥托一世（936~973 在位）把一大片土地献给圣马克西敏修道院（Kloster St. Maximin），并宣布其在皇宫中享有尊贵权利，以此来效仿君士坦丁。

对于中世纪的人们来说，君士坦丁和他的功业开启了一个新的时代，他几乎代表了整个世界的新秩序。君士坦丁成了一个典范，后世的人都要以他为准绳。当克洛维（Chlodwig，481~511 在位）受洗时，当查理大帝（Karl，768~814 在位）成为罗马帝国当之无愧的引路人时，诗人和史学家们都盛赞他们是"新的君士坦丁"。查理大帝本人也成了这个世界上的一个经典范例，在后来，他和君士坦丁平起平坐。关于这一现象，值得一提的还有皇帝"瞎子路易"（887~928 在位）给他儿子起的名字：查理·君士坦丁。由此，这两位统治人物之间有了紧密的联系，也就难怪诗人们把他们性格上的相似指认为两个人物之间的联系。12 世纪下半叶的一首题为《洛特尔国王》（*König Rother*）的诗中，就说君士坦丁是查理大帝的祖父。

德语世界对君士坦丁的认知与接受中，一个特别的主题是"君士坦丁与萨克森"。二者的关系来源于一篇题为《帝王传略》（*Epitome de Caesaribus*）的报告，其中提到，君士坦丁在约克加冕时，阿勒曼尼国王克罗古（Crocus）发挥了决定性作用。这里提到的阿勒曼尼后来成了有着罗马背景的"德意志民族"。因此，雷普戈夫的艾克（Eike von Repgow）大约创作于 1220 年的《萨克森世界年谱》(*Sächische Weltchronik*)中,对君士坦丁有如下描述(第 77 章):"我们的君王君士坦丁生于 311 年,是君士坦提乌斯皇帝与海伦娜之子,在不列颠加冕,得到了德意志国王的帮助。"

奥托三世(983~1002 在位)的成长环境中有君士坦丁的皇室传统,其中充满了罗马帝国和拜占庭帝国的影响,而来自拜占庭的影响是从他母亲特奥法努(Theophanu),一位拜占庭帝国公主那里继承来的。在这样的环境下,德意志对君士坦丁的接受史上出现了一个特例,那就是奎尔富特的布鲁(Brun von Querfurt,1009 年去世)尊崇君士坦丁为圣者。也许奥托也继承了拜占庭传统中我们今天称为"政教合一"的部分,统治者在宗教上拥有了优先地位。

公元 999 年的复活节星期日,拉文纳的吉尔贝特(Gerbert von Ravenna)祝圣为西尔维斯特二世(Silvester II)。他的头衔可以理解为:他把自己看作那位西尔维斯特,即那位为君士坦丁施洗并治好了君士坦丁的麻风病的大主教的继承者。另一方面,奥托也是君士坦丁的继承者，对于这位皇帝来说，《君士坦丁御赐教产谕》置他于进退两难之地；这种由皇帝作出的献贡行为在现实中很难复制，因为教宗实际上已经掌控了很多东西。即使这样，奥托还是想要成为君士坦丁皇权的继承者，面对教廷，他想要效仿君士坦丁，彼时君士坦丁给罗马大主教西尔维斯特一世献上了大量财富。为了独立完成这件事，奥托三世想到了一个办法，这一解决办法也是后无来者的：他宣布《君士坦丁御赐教产谕》是伪造的。他在一封文件中宣布了这一件事，同时把八个伯爵领地献给了罗马教廷。奥托以君士坦丁的这个传统为己任，主动地完成了教宗可能根据《君士坦丁御赐教产谕》而提的要求。他在否定君士坦丁献土的同时，也证明了自己像君士坦丁一样伟大。

由于这样一个所谓的"献土"，君士坦丁的名字常常出现在中世纪的皇帝与教宗的博弈中，这场博弈在叙任权之争（Investiturstreit）中达到了顶峰。从皇帝这方面来说，"献土"是一个影响深远的错误的开端，就像瓦尔特·冯·弗格尔瓦伊德（Walther von Vogelweide,

1170~1230）说 的（L.I 25，11-15），当"皇帝君士坦丁"把"圣矛、十字架和荆冠"交给罗马大主教时，有天使从天空飞过，边飞边喊"苦啊，苦啊，第三次如此地苦啊"。1256 年，国王曼弗雷德（König Manfred）抱怨"有欠考虑的君士坦丁"的这个"有欠考虑的献土"，而但丁（1265~1321）根据自己当时的时代经验（《论帝制》(Über das Königtum) 2，12，8）说道："哦，幸福的民族，哦，光耀的意大利，他（君士坦丁），那个削弱了你的帝国的人，但愿他从未生到世上，或是他那虔诚的目的未曾欺骗他。"

在"善良"的君士坦丁对面，站着一位"邪恶"的君士坦丁；这当然不仅是因为他那个"有欠考虑的献土"，而且是因为他背叛了罗马。在这方面，他是一位阴谋家，直到最后一刻，他都在为自己在君士坦丁堡非法建立的帝国辩护。君士坦丁也曾经是阿里乌派、混蛋和篡位者，他抛弃了罗马帝国，选择了希腊。罗马像一位乳母那样接纳了他，并且把这大地上最高的皇位托付给他。他却像对待罪犯一样惩罚这座城市，强迫那些贵族成为希腊人；在施陶芬王国与拜占庭帝国分立的时期，在维泰博的戈特弗里特（Gottfried von Viterbo，约 1200 年去世）的总结里，西方世界对君士坦丁的负面评价到达了顶点。

在拜占庭，以及在东罗马—拜占庭教会中，君士坦丁的声望是毋庸置疑的。从他在位时期以来，国家与教会形成了和谐的统一体，二者不可分割，它们是基督教的不同表现形式。在这个发展进程的最后，这位"门徒般的"皇帝和他的母亲海伦娜都成了圣徒。在民间广泛流传之后，这个东部的君士坦丁形象保留了下来，也在政治上产生了影响：在俄国，叶卡捷琳娜二世的孙子（1762~1796）受洗时得名君士坦丁，他的祖母希望他能在土耳其人被赶出欧洲之后掌握希腊式的皇权。

268~270 年	克劳狄二世在位。
270~275 年	奥勒良在位。
284 年	戴克里先称帝。
286 年	马克西米安被任命为西部奥古斯都。
293 年	君士坦提乌斯成为西部恺撒，伽列里乌斯成为东部恺撒。
296 年	埃及起义，下令镇压摩尼教。
297/298 年	戴克里先远征波斯。
303 年	基督徒迫害开始。
305 年	戴克里先、马克西米安退位，君士坦提乌斯成为西部奥古斯都，伽列里乌斯成为东部奥古斯都，他们的恺撒分别为塞维鲁二世和马克西米努斯·戴亚；克里斯普斯出生。

306 年	君士坦提乌斯去世，塞维鲁二世成为西部奥古斯都，君士坦丁和马克森提乌斯也称奥古斯都。
307 年	塞维鲁二世兵败马克森提乌斯；马克西米安二度成为奥古斯都；君士坦丁与法乌斯塔结婚。
308 年	伽列里乌斯兵败马克森提乌斯；卡农图姆皇帝会议（Kaiserkonferenz in Carnuntum）召开；马克西米安退位，李锡尼成为西部奥古斯都。
310 年	君士坦丁战胜日耳曼人；马克西米安去世。
311 年	宽容敕令；伽列里乌斯去世。
312 年	君士坦丁征战意大利，米尔维安大桥战役；马克森提乌斯去世。
313 年	君士坦丁和李锡尼在米兰会谈；李锡尼和君士坦提娅结婚；君士坦丁战胜法兰克人；李锡尼战胜马克西米努斯·戴亚；多纳图派之争开始。
315 年	君士坦丁执政十周年庆典，罗马

凯旋门落成。

316 年	君士坦丁和李锡尼内战；戴克里先去世。
317 年	君士坦丁二世和君士坦提乌斯二世出生；李锡尼阿努斯、克里斯普斯、君士坦丁二世成为恺撒。
319 年	阿里乌斯之争开始。
320 年	君士坦斯出生；克里斯普斯战胜阿勒曼尼人。
323 年	君士坦丁进攻李锡尼领地。
324 年	君士坦丁和李锡尼第二次交战，克里索波利斯之战，李锡尼被杀；君士坦提乌斯二世成为恺撒。
325 年	尼西亚公会议；君士坦丁执政二十周年庆典。
326 年	克里斯普斯和法乌斯塔被杀；君士坦丁最后一次罗马之行；君士坦丁堡奠基。
330 年	君士坦丁堡落成。
331 年	尤利安出生，日后称帝。
332 年	哥特战争。

333 年	君士坦斯成为恺撒。
335 年	君士坦丁执政三十周年庆典。
337 年	准备波斯战争，君士坦丁去世；君士坦提乌斯二世、君士坦丁二世、君士坦斯共治。

以下著作涵盖了过去一个半世纪的君士坦丁研究的大量文献：蒂莫西·大卫·巴恩斯（Timothy David Barnes）的两本专著，《君士坦丁和尤西比乌斯》（*Constantine and Eusebius*，Cambridge/Massachusetts-London 1981）和《戴克里先和君士坦丁的新帝国》（*The new empire of Diocletian and Constantine*，Cambridge/Massachusetts-London 1982）；托马斯·格林沃德（Thomas Grünewald）的研究著作《君士坦丁·马克西姆·奥古斯都：当代流传中的统治宣传》（*Constantinus Maximus Augustus. Herrschaftspropaganda in der zeitgenössischen Überlieferung*，Stuttgart 1990）；查尔斯·马特松·奥达尔（Charles Matson Odahl）的《君士坦丁和基督教帝国》

（*Constantine and the Christian Empire*，London-New York 2004）；诺伊·莱斯基（Noel Lenski）主编的《剑桥指南：君士坦丁大帝时代》（*The Cambridge Companion to the Age of Constantine*，Cambridge 2006）。

福科马·凯尔（Volkmar Keil）的《君士坦丁大帝时代宗教政治资料集成》（*Quellensammlung zur Religionspolitik Konstantins des Großen*，Darmstadt ²1995）包含宗教、政治等方面的大量文献，并提供了翻译版本。德语世界最详细、最好的整体性描述仍数雅各布·布克哈特（Jacob Burckhardt）的"经典"著作《君士坦丁大帝时代》（*Die Zeit Constantins des Großen*，Basel 1853/80），该著作此后多次再版。

在对君士坦丁的研究中，一个研究重点是皇帝和基督教的关系。因此，对这第一位信奉基督教的统治者的研究都会从分析基督教传记作者尤西比乌斯入手。这方面的重要资料是弗里德海姆·温克尔曼（Friedhelm Winkelmann）的研究著作《凯撒里亚的尤西比乌斯：教会历史之父》（*Euseb von Kaisareia*，Berlin 1991）。
有一部对尤西比乌斯所写传记的评述是这个研
究领域不可或缺的工具书，即《尤西比乌斯，
君士坦丁生平：介绍、翻译和评论》（*Eusebius,
Life of Constantine. Introduction，Translation
and Commentary*，hrsg. v. Averil Cameron-
Stuart G. Hall，Oxford 1999）。哈姆特·莱平
（Hartmut Leppin）研究的是晚期教会历史书写
中的君士坦丁形象，《从君士坦丁大帝到狄奥多
西二世：教会历史学家索克拉特斯、沙卓门和
狄奥多勒笔下的基督教皇权》（*Von Constantin
dem Großen zu Theodosius II. Das christliche
Kaisertum bei den Kirchenhistorikern Socrates,
Sozomenus und Theodoret*，Göttingen 1996）。
在讨论君士坦丁的宗教态度方面，钱币发挥了
重要作用，汉斯·冯·舍内贝克（Hans von
Schönebeck）首次对这些硬币进行了系统的
评估，著有《马克森提乌斯和君士坦丁的宗
教 政 策 》（*Beiträge zur Religionspolitik des
Maxentius und Constantin*，Berlin 1939，ND
Aalen 1962）。

诺曼·赫本·贝恩斯（Norman Hepburn Baynes）于 1929 年发表了论文《君士坦丁大帝和基督教教会》（*Konstantin der Große und die christliche Kirche*），收录于《君士坦丁大帝》（*Konstantin der Große*, hrsg. v. Heinrich Kraft, Darmstadt 1974, 145–174），篇幅虽短，却在学术上有着重大贡献，列举并阐释了君士坦丁性格研究中的基本论点。克劳斯·马丁·吉拉德特（Klaus Martin Girardet）描写了他改信基督教的过程：《君士坦丁大帝宗教政策的前提及精神基础》（*Die Konstantinische Wende. Voraussetzungen und geistige Grundlage der Religionspolitik Konstantins des Großen*, Darmstadt 2006）。阿道夫·马丁·里德尔（Adolf Martin Ritter）贡献了一个重要的研究概述：《君士坦丁和基督徒》（*Constantin und die Christen*, *Zeitschrift für die Neutestamentliche Wissenschaft* 87, 1996, 251–268）。

更多关于君士坦丁的专著：拉姆齐·麦克马伦（Ramsay MacMullen）的《君士坦丁》（*Constantine*, London 1970），布鲁诺·布莱

克曼（Bruno Bleckmann）的《君士坦丁大帝》
（*Konstantin der Große*，Reinbek ² 2003），哈
特温·布兰特（Hartwin Brandt）的《君士坦
丁大帝：第一位基督教皇帝》（*Konstantin der
Große. Der erste Christliche Kaiser*，München
2006），伊丽莎白·赫尔曼－奥托（Elisabeth
Herrmann-Otto）的《君士坦丁大帝》
（*Konstantin der Große*，Darmstadt 2007）。

专论

汉斯－乌里希·维默（Hans-Ulrich
Wiemer）关于君士坦丁 326 年罗马之行有一项
出色的研究：《利巴尼乌斯和佐西姆斯关于君士
坦丁 326 年的罗马之行》（*Libanios und Zosimos
über den Rom-Besuch Konstantins I. im Jahre
326*，Historia 43，1994，469-494）。

克劳斯·布林曼（Klaus Bringmann）对
伽列里乌斯宽容敕令之后果的重要思考：《君
士坦丁的转折：政治动机和宗教动机之比较》
（*Die konstantinische Wende. Zum Verhältnis
von politischer und religiöser Motivation*，

Historische Zeitschrift 260，1995，21-47）。

马丁·瓦拉夫（Martin Wallraff）研究了太阳象征和太阳神对君士坦丁的意义:《基督和索尔：古典时代晚期的太阳崇拜和基督教精神》（*Christus verus Sol. Sonnenverehrung und Christentum in der Spätantike*，Münster 2004）。

克里斯蒂安·哈比希特（Christian Habicht）提供了关于施巴利亚战役发生时间的可靠论据:《君士坦丁大帝的历史》（*Zur Geschichte des Kaisers Konstantin*，*Hermes* 86，1958，360-378）。

对君士坦丁家族中女性的研究：扬·威廉·德利维尔斯（Jan Willem Drijvers）的《海伦娜·奥古斯塔：君士坦丁大帝的母亲，以及她发现真十字架的传奇》（*Helena Augusta. The Mother of Constantine the Great and the Legend of her Finding of the True Cross*，Leiden u.a. 1992）；曼弗雷德·克劳斯（Manfred Clauss）的《戴克里先—君士坦丁时代的妇女》（*Die Frauen der diokletianisch-konstantinischen Zeit*）， 收

录于《罗马皇后：从利维娅到狄奥多拉》（*Die Kaiserinnen Roms. Von Livia bis Theodora*, hrsg. v. H. Temporini-Gräfin Vitzthum, München 2002, 340-369）。

罗伯特·马尔科姆·埃灵顿（Robert Malcolm Errington）记录了324年关于异教徒和异教仪式禁令的讨论：《君士坦丁和异教徒》（*Constantine and the Pagans*, *Greek Roman and Byzantine Studies* 29, 1988, 309-318）。蒂莫西·大卫·巴恩斯著有《从宽容到镇压：君士坦丁宗教政策的演变》（*From Toleration to Repression: the Evolution of Constantine's Religious Policies*, *Scripta Classica Israelica* 21, 2002, 189-207）。

关于君士坦丁堡的建立及其意义：汉斯 - 格奥尔格·贝克（Hans-Georg Beck）的《君士坦丁堡：新罗马》（*Konstantinopel – das neue Rom*, *Gymnasium* 71, 1964, 166-174）；E. 大卫·亨特（E. David Hunt）的《帝国建筑在罗马：君士坦丁的角色》（*Imperial Building at Rome: the Role of Constantine*），收录于

《面包和马戏团：意大利罗马的财产分享和市政赞助》(*Bread and Circuses. Euergetism and Municipal Patronage in Roman Italy*, hrsg. v. Kathryn Lomas-Tim Cornell, New York 2003, 105-124)。

瓦尔特·高法特（Walter Goffart）介绍了极其复杂的税务系统:《地方首脑和农民：走向晚期罗马税收的历史》(*Caput and Colonate. Towards a History of Late Roman Taxation*, Toronto 1974)。

奥托·特莱廷格（Otto Treitinger）研究宫廷仪式的形成:《从宫廷仪式看东罗马皇帝和帝国构思》(*Die oströmische Kaiser-und Reichsidee nach ihrer Gestaltung im höfischen Zeremoniell*, Jena 1938, ND Darmstadt 1956)。诺伯特·艾利亚斯（Norbert Elias）的描绘展示了近代宫廷社会的相似之处，同时也提供了它们与古典时代之关联的一些有趣结论:《宫廷社会——关于王权社会学和宫廷贵族的研究与介绍：社会学和历史》(*Die höfische Gesellschaft. Untersuchungen zur*

Soziologie des Königtums und der höfischen Aristokratie mit einer Einleitung: Soziologie und Geschichtswissenschaft，Darmstadt 51981）。

关于阿里乌斯争端的历史，我参考了七卷本《教会历史手册》（*Handbuch der Kirchengeschichte*，hrsg. v. Hubert Jedin-Karl Baus u.a.，7 Bde，Freiburg，1965-79）中的相关章节，该手册第一、二卷讲述古典时代的教会历史。

克劳斯·马丁·吉拉德特（Klaus Martin Girardet）研究了君士坦丁作为教会和会议领袖的角色：《会议领袖君士坦丁大帝》（*Kaiser Konstantin d.Gr. als Vorsitzender von Konzilien*，Gymnasium 98，1991，548-560）。哈罗德·阿伦·德拉科（Harold Allen Drake）著有《君士坦丁和主教：不宽容政治》（*Constantine and the Bishops. The Politics of Intolerance*，Batimore 2000）。

关于君士坦丁的波斯战争，可参考加斯·弗登（Garth Fowden）的《君士坦丁的最后时日：对立版本及其影响力》（*The Last Days of*

Constantine: Oppositional Versions and their Influence, *Journal of Roman Studies* 84，1994，146-170）。

在《关于君士坦丁的洗礼》（*Zur Taufe Kaiser Konstantins*, *Studia Patristica* 1，1957，642-648）中，海因里希·克拉夫特（Heinrich Kraft）提供了一个很好的概述。

上面提到的巴恩斯的研究提供了对君士坦丁和尤西比乌斯的个性以及教会历史学家写作方式的详细分析。

《君士坦丁：历史、史学和传奇》（*Constantine. History*, *Historiography and Legend*, hrsg. v. Samuel N.C. Lieu-Dominic Montserrat, London-New York 1998）文集中有多卷论及君士坦丁作为圣人的角色。

君士坦丁接受史：尤金·艾维希（Eugen Ewig）的《中世纪前几百年中的君士坦丁大帝》（*Das Bild Constantin des Großen in den ersten Jahrhunderten des abendländischen Mittelalters*, *Historisches Jahrbuch* 75，1956，1-46）；维纳·凯基（Werner Kaegi）的《君士坦丁长存》

（*Vom Nachleben Constantins*，*Schweizerische Zeitschrift für Geschichte* 8，1958，289-326）；赫尔维希·沃夫拉姆（Herwig Wolfram）的《君士坦丁作为中世纪帝国统治者的典范》（*Constantin als Vorbild für den Herrscher des hochmittelalterlichen Reiches*，*Mitteilung des Instituts für österreichische Geschichtsforschung* 68，1960，226-243）。

以 2005 年举办于里米尼和 2007 年举办于特里尔的君士坦丁展览为框架，一些合集得以出版，展示了关于君士坦丁时代及其对后世影响的丰富研究成果：《君士坦丁大帝：西方与东方交汇处的古代文明》[*Costantino il Grande. La civiltà antica al bivio tra Occidente e Oriente*，Angela Donati-Giovanni Gentili（Hgg.），Mailand 2005]；亚历山大·狄芒特（Alexander Demandt）和约瑟夫·恩格曼（Josef Engemann）撰写的《君士坦丁大帝：历史、考古学与接受理解》（*Konstantin der Große. Geschichte-Archäologie-Rezeption*，Trier 2006）。2006 年约克君士坦丁展览目录的

介绍重点是皇帝在不列颠古代史中的意义:《君士坦丁大帝：约克的罗马皇帝》[*Constantine the Great. York's Roman Emperor*，Elizabeth Hartley–Janes Hawkes–Martin Henig–Frances Mee（Hgg.），York 2006]。

图片信息

图 1   Labarum; Bronzemünze aus *Cons (tantinopel)* (2,2 Gramm; Rückseite; 2,6 : 1)

图 2   Porphyrius, *Gedicht* 11; Iohannes Polara, *Publilii Optatiani Porfyrii carmina*, Bd. 1, Turin (Paravia & C.) 1973, 46

图 3   Ausschnitt aus der Tabula Peutingeriana

图 4   Konsekrationsmünze Konstantins (*Solidus*) aus *Cons(tantinopel)* (4, 5 Gramm; Rückseite; 2,8 : 1)

图 5   Silbermedaillon aus Ticinum (6,4 Gramm; Vorderseite; 1 : 1); Goldmedaillon aus Ticinum (39,8 Gramm; Vorderseite; 1 : 1)

图 6   Kolossalstatue Konstantins – einzelne Körperteile (Visual Education Inc.,

Santa Barbara) und Fuß (Edizioni Indaco S.N.C., Rom)

图 7 Kolossalstatue Konstantins – Rekonstruktionszeichnung: Zeichnung von Jean Mazenod aus: Bernard Andreae, Art de l' Ancienne Rome, Paris (Citadelles et Mazenod) 1973

谱系图 1 Die Tetrarchen

谱系图 2 Die konstantinische Dynastie

部分图片由 Gertrud Seidensticker 女士绘制。

人名索引

君士坦丁大帝和他的时代

作者简介

曼弗雷德·克劳斯（Manfred Clauss）生于1945年，在法兰克福歌德大学担任古代史教授，以大量关于古代世界的国家、社会和宗教的作品著称。

译者简介

徐涵婧，青年译者、摄影师。毕业于德国图宾根大学德语文学系，现居南京。

图书在版编目（CIP）数据

君士坦丁大帝和他的时代 /（德）曼弗雷德·克劳斯
著；徐涵婧译. -- 北京：社会科学文献出版社，
2021.6
　（生而为王：全13册）
　ISBN 978-7-5201-8346-8

Ⅰ.①君… Ⅱ.①曼… ②徐… Ⅲ.①君士坦丁(约
274-337)－传记 Ⅳ.①K835.467=2

中国版本图书馆CIP数据核字（2021）第092701号

生而为王：全13册
君士坦丁大帝和他的时代

著　　者 / 〔德〕曼弗雷德·克劳斯
译　　者 / 徐涵婧

出 版 人 / 王利民
组稿编辑 / 段其刚
责任编辑 / 周方茹
文稿编辑 / 陈嘉瑜

出　　版 / 社会科学文献出版社·联合出版中心（010）59367151
　　　　　　地址：北京市北三环中路甲29号院华龙大厦　邮编：100029
　　　　　　网址：www.ssap.com.cn
发　　行 / 市场营销中心（010）59367081　59367083
印　　装 / 北京盛通印刷股份有限公司

规　　格 / 开　本：889mm×1194mm　1/32
　　　　　　本册印张：5.875　本册字数：84千字
版　　次 / 2021年6月第1版　2021年6月第1次印刷
书　　号 / ISBN 978-7-5201-8346-8
著作权合同
登 记 号 / 图字01-2019-3609号
定　　价 / 498.00元（全13册）

本书如有印装质量问题，请与读者服务中心（010-59367028）联系